光文社知恵の森文庫

矢野和代

# 隠れた名建築ぶらぶら歩き

ひとり気ままに見て回る



光文社

本書は知恵の森文庫のために書下ろされました。

# まえがき

誰もが知っている建築。例えば、法隆寺、東大寺、厳島神社、国宝五城、大浦天主堂。こうした建築は、いつも観光客で賑《にぎ》わっている。修学旅行を始め多くの周遊ルートに組み込まれ、歴史という舞台に立つ、大スターである。

そんな有名どころではない、人知れず佇《たたず》む、隠れた建築を、いつの頃からか私は訪ね歩いている。

三度の移築で、延べ八百キロメートル以上の旅をした国宝茶室。

その役目を終えた江戸屋敷の、隠棲《いんせい》の華麗な姿。

来る客を嫌って、早く帰って欲しいという意図で描かれた襖絵《ふすまえ》。

行ってみなければ知らなかったこと。現地で興味を持ち、帰ってから調べて初めて知ったこと。まさに発見の連続である。

維新後の混乱、昭和恐慌後の売り立て、戦後の財閥解体などを経て、多くの建築は元の持ち主から地元自治体などへと流転の人生を送った。その途中で占領軍による接収・用途変更（大改築）が行われ、無残な姿となったものもある。修学旅行生の宿となった邸《やしき》もある。昭和が平成に代わる前後から「残そう」「元の姿に戻そう」という動きが生まれた。長い時間をかけて、今私たちは、その建築の往時の姿を見、その中へと歩を進め、その空間・時間をほしいままにできる。知る人ぞ知る建築。そこは静《せい》謐《ひつ》に満ちていて、時も止まったままのようだ。

時代を経た建築は、歴史の波をくぐり抜けてきた。当主とその建築に関わる人物の盛衰、歴史的に果たした役割、その後への影響など、帰宅してから調べることもまた、楽しい。そして、次の旅が始まる。

誰もが行く有名な観光地。その目的は一級の建築や素晴らしい景色であるはずだが、実際のところ人混みを見に行くような、残念な時間に終わることが多い。そうしたものに辟易《へきえき》したら、どうか、こんな隠れた建築を、ゆっくりと訪ね歩いてみてはいかがだろうか。

# 目次

Contents

# 2 大名の屋敷

## 3 商家町のにぎわい

## 4 名園でくつろぐ

## ※注 記

1. 建築の名称は、通称(所有者が発行しているパンフレットやホームページでの表記)を優先しています。そのため文化財の指定名称とは異なっている場合があります(文中に記載)。

2. 文化財としての住宅は、××住宅という名称で登録されています。住宅という名詞は古くからありますが、この本では、江戸時代、あるいは華族(旧大名家)などの大型住宅を、従前の呼称に従って屋敷または邸と記します。

3. 所在地などの情報は、二〇二二年八月に、所有者のホームページなどに記載されているものを参考にしています。訪問時には最新の情報を各施設のホームページなどでご確認ください。

4. 著作権表記のない写真は、筆者が撮影したものです。写真の掲載にあたっては、所有権者の許諾を得ております。掲載している写真、図版の無断転用を禁じます。

## プロローグ　建築探訪の前に

### 準備

・所有者のホームページを開いて、事前の予約方法、休館日、入館時間などを調べる。往復はがきでの応募の場合、一カ月以上前（あるいは、秋ならば九月一日といった月初め）に、まず電話をして、見学を設定している日を確認する。その日時で第一〜第三くらいの候補を書き、往復はがきを郵送する。

・限定公開の場合は、建築は傷みを軽減する目的で、春期と秋期に公開することが多い。また、年度の初め（四月）に、向こう一年間の公開予定などをホームページに掲載する場合もある。

・Ｗｅｂ上の「文化遺産オンライン」で概要を摑《つか》む。

・できれば、「建築の名称、平面図」などで検索して、平面図を入手しておくと、建物全体を摑むのに役立つ。

・国指定重要文化財（国宝を含む）の場合、概要と詳細な修復記録（平面図と立面図、修復前と後の写真など詳細な資料）は、東京メトロ日比谷線広尾駅から徒歩八分にある東京都立中央図書館二階に、開架で県別にその報告書が多く収蔵されているので、検索して事前にそれを読み、必要箇所を複写することもできる（複写は有料）。

**持ち物**

・**替えのソックス**：建物の中に入れる場合は、替えのソックスを持参するとよい。裸足は足裏の脂が床や畳を汚すため厳禁。また、ストッキングやタイツの場合は、上に履くソックスを持参したい（施設によっては、貸すところもある）。特に冬期などは、厚い靴下を重ね履きすると、寒さのあまり早々に引き上げるということを防げる。

・**虫除《むしよ》けスプレー**：外からの見学の場合、特に夏期は、虫除けスプレーなどを持参して、園内に入る前にスプレーするとよい。

・**小銭**：地方へ行くと銀行のない町や、土日は窓口が閉まっているため、両替が難しい。そのため、入場料やロッカー代に使う百円硬貨を多めに持って行くことを勧める。

・**B以上の鉛筆**：スケッチ（野帳）をしたい場合は、事前に許可を得る。メモを取る場合は、必ず鉛筆（B以上の柔らかいもの、または施設が貸与するもの）で書く。

・**水（お茶）と軽食**：建物や庭が広大である、感動して何度も見てしまう、なかなか来られない遠方である、また、よく見ておきたいという欲が湧くなど、時間が経つのも忘れて見入ってしまうことがある。そのため、ペットボトルの水やお茶、ビスケットなどの軽食を持っていくことを勧める。その用意があれば、見学を終えてから外に出て、お腹の足しにするなど、空腹を理由に立ち去る、という残念な結果を防げる。

・**手荷物**：建物内に持参する荷物は最小限のものとする。多くの場合、受付付近にコインロッカーがあるので、そこに不要な荷物は預ける。または、預かってもらう。手荷物は自分の前に抱えて、背中に背負わないこと（建物内で、振り向いたりしたときに建具を傷つける恐れがある）。

## 撮影について

写真撮影の規定は、事前にホームページで確認しておく。申請書を事前に提出することが求められている施設もある。個人的な撮影が許可されている場合でも、ブログや個人のホームページなどに掲載する場合は、必ず所有者の許諾を得る。

# 1 国宝を訪ねて

Chapter
1

聴竹居
待庵
如庵
森鷗外・夏目漱石住宅
西園寺公望別邸「坐漁荘」

# 聴竹居、待庵（京都府大山崎町）

## 三本の川と山に挟まれた小さな町・大山崎町

### 国宝の三つの茶室

この町の名を、ウイスキー飲みは知っている。歴史好きには、天王山《てんのうざん》の戦い（山崎合戦）で名高いという町に、国宝「待庵《たいあん》」と、国指定重要文化財「聴竹居《ちょうちくきょ》」はある。

京都府で一番小さな町、なので、新幹線は三キロメートルと少しで、この町を通過する。在来線からはよく見えるサントリー山崎《やまざき》蒸溜所のキルン（乾燥塔）を模した塔も、新幹線からは、瞬《まばた》きをしている間に見落としてしまう、と言えば、その小ささが伝わるだろうか。

天守を持つ城は十二あるが、国宝に指定されている城は五つだけである。その五つ目である松江城が、国宝に指定されたのは平成二十七（二〇一五）年で、その時ＮＨＫでも番組が組まれたので、国宝になるのはそれほど大変なことと記憶されている人もいるだろう。

お城に比べると話題にもならないが、国宝に指定されている茶室は三つある。この大山崎町の待庵、次に取り上げる「如庵《じょあん》」、そして通常非公開の大徳寺《だいとくじ》塔頭《たっちゅう》龍光院《りょうこういん》の「密庵《みったん》」。三つ目の密庵が非公開なため、そのイメージに引きずられ他の二つは公開していることを知らない人がほとんどではないだろうか。

片や、聴竹居である。読み方もわからないし、初めて聞く、「何それ？」的な建築であることは否めない。昭和三（一九二八）年に、建築家藤井厚二《ふじいこうじ》が自邸として建てた実験住宅である。藤井はこの家を建てた後わずか十年、昭和十三年に四十九歳で亡くなってしまう。その後、この家は家族が住み継いだため、知る人がいないのは当然であった。きっかけは平成二十五（二〇一三）年正月、ＮＨＫ『美の壺』「新春〝邸宅スペシャル〟」で紹介されたことだった。その番組を見て、ご興味を持たれた平成の天皇・皇后両陛下がその年の六月に行幸啓されたことから、この建築は不思議な運命を辿《たど》っていく。

# 断じて舶来を要せず――聴竹居

## 理想的な平屋の家

私が初めて聴竹居を訪れたのは平成二十六（二〇一四）年十二月であった。その頃、私は池袋にある自由学園（その校舎「明日館《みようにちかん》」は国指定重要文化財）の「日本建築を知っていますか―日本の近代（モダニズム）建築と古建築」という公開講座を受講していた。京都に、この聴竹居があることは、その前後に知ったのだと思う。せっかく京都へ行くのなら、他に見るべきものはないか、と探したところ、島原にある角屋《すみや》の見学が十二月十五日までと期限があることを知った。その公開が終わるぎりぎりの週末の朝、私はJR山崎駅に降り立った。

見学の申し込みは事前に、聴竹居倶楽部という事務局のホームページから行う。見学可の返信メールに添付されていた地図を頼りに、JRの踏切を渡り、すぐ左の脇道に入って、天王山の険しい坂道を上がっていく。子どものお絵かき教室から貰《もら》ってきたような小さなイーゼルに「聴竹居」という看板が掛かっていた。二十段ほどの石段の上に、母屋《おもや》が木々の間に見え隠れしている。石段は弓なりになっていて、道路から直接は玄関と本屋《ほんや》（一般に母屋に当たる居住棟）が見上げられないようになっている。上り下りを考えた蹴上《けあ》げの低い階段を上がると、玄関へのL字形のアプローチが私を迎えてくれた。（あぁ、理想的な平屋の家だ）と私は思った。今日では、狭い土地を最大限生かすために、二階建て、三階建てと家は縦方向に伸びているが、石段の上り下りによる事故や老齢になったときの負担を考えると、平屋は住み心地の最重要かつ贅沢《ぜいたく》な条件かもしれない。

玄関周りは、訪問客が目にする最初の「建築家の作品」である。玄関先で失礼するという場合でも、ここだけは目にするから、ここが貧相では話にならない。その点、この玄関のエクステリアとインテリアは、施主であり設計者である藤井厚二という人の住まいに対する考え方を端的に表していて、合理性と美しさのバランスに長《た》けている。

中に通されると、まず署名してきた「室内撮影許可願い及び誓約書」を渡し、見学料を支払う。定員は一回につき十名までだが、その時間帯の予約者が揃《そろ》えば、それか

縁側より庭を眺める

玄関脇の客室

ら一時間弱をかけて、設計者藤井厚二氏のこと、この家の成立経緯、各部屋の見どころと解説が進んでいく。この聴竹居倶楽部は、地元を中心としたスタッフで運営されていて、後で聞いたことであるが、事務局長は聴竹居の隣に住む方だそうだ。こうした、土地のネットワークがなければ、住宅は特にその維持管理が難しい。ここは、それが奇跡的に成功している事例とも言える。

この聴竹居は、第五回住宅と藤井本人は呼んでいて、自身が建てた自邸「実験住宅」の最後の作品である。欧米の視察旅行から帰った大正九（一九二〇）年、藤井は、この大山崎町に約一万二千坪の土地（山林）を取得して、同年に第二回住宅、隔年で第三回住宅、第四回住宅を建てている。彼は京都帝国大学工学部で教鞭《きょうべん》をとりながら、このように次々と自邸を建てては居住とデータ収集を並行して行い、論文を発表し、その完成形が聴竹居なのである。

「家のつくりやうは、夏をむねとすべし」と『徒然草』にも書かれているが、エアコンのない時代に、「家の中の空気が流れる状態」を作り、夏季の直射日光、雨季の雨を防ぐ「庇《ひさし》と大きく突出した軒《のき》」を備え、「屋根は軒の出を深くするためにも、建物の外観を環境に調和させるためにも、緩やかな勾配とする」（『日本の住宅』藤井厚二）。こうした理論と実践の結晶が、今日言われている環境共生住宅の第一号とも呼ぶべきこの住宅である。

縁側と呼ばれる、庭のモミジを見渡す南東の部屋は、大きな開口部を持つ日本建築の伝統を受け継ぎ、かつ冬の寒さ（風）から住む人を守るガラス張りで、陽の暖かさにホッとするサンルームである。私の一番のお気に入りの部屋だ。そのガラスを支える枠に打たれたマイナスビスの溝の向きは同一方向に揃っていて乱れがない。こうした内部造作は、酒徳金之助《さかとくきんのすけ》という大工の手になるものだそうだ。大正から昭和にかけて、大工道具は最盛期を迎えたと言われる（『水彩画で綴る大工道具物語　竹中大工道具館収蔵品』）。この本では「とくにネジが道具に与えた影響は大きく」とあり、その確かさを目にすることのできる聴竹居は一級の工芸品でもある。

### 四回訪れても尽きぬ楽しみ

ところで、約一万二千坪という広い敷地を購入し、さらに第五回住宅と、五回も自宅を建築できたのは何故か。それは、藤井の実家福山で、家業を継いだ兄の与一右衛門の恵まれた財力の賜物《たまもの》であった。家は兄が継いだが、母は弟の厚二とウマが合ったのか、第一回自邸から共に住む。兄としては、弟藤井厚二が追求しようとした理想的な〃日本の住宅〃の実現への援助という名目と、母への仕送りという意味合いもあったのではないかと私は推察する。ことほど左様に、戸主の責任は重かった時代である。

聴竹居は、平成二十九（二〇一七）年には、この本屋と離れの閑室《かんしつ》と呼ばれる〃仕事部屋〃だけではなく、茶室の三棟が国指定重要文化財に指定されているが、現在見学が可能なのは、本屋のみである。

初めて私が、この聴竹居を訪れたとき、所有者は藤井厚二の次女章子《あやこ》さんであった。しかし、広大な敷地（今では千坪程度まで縮小しているが）の手入れと建物の維持管理に悩まれているという話を、スタッフの方から伺った。

それから二年、三年と経った平成二十九年。この聴竹居を竹中工務店が取得したというニュースリリースを私は目にする。藤井厚二が、同社で最初の帝大卒の設計社員であったことが、その理由の一つらしい。

であるが、二十年来この住宅に関わってきた松隈章《まつくまあきら》氏（『聴竹居 藤井厚二の木造モダニズム建築』の著者、竹中工務店設計本部設計企画部所属、聴竹居倶楽部代表理事）の功績が大である。スタッフの方からは、「やはり、天皇・皇后両陛下がお見えになって、それを潰してしまう、朽ちさせてしまうのはまずい、という心が、地元や関係者の間で強く意識されたのでは」という声も聞かれた。

病膏肓《やまいこうこう》に入って、私は今日までに、この住宅を東京から四回も訪問している。その度に、藤井厚二が考案したいろいろな仕掛けを教えてもらっては感心し、不思議な箇所に頭を悩ませ、楽しみは尽きない。

私が、この家で二番目に好きな場所は、食事室である。食事室には造り付けのベンチとテーブルがあって、賑やかな団らんを彷彿《ほうふつ》とさせる。朝食や午後のハイティを、家族はここで楽しんだのではないだろうか。調べると、藤井厚二は帝大在学中、学習院女子部に通われていた妹と母上と三人で東京・小石川に住んでいたそうだ。学習院では茶道の稽古《けいこ》と英国の紅茶を嗜《たしな》む文化が共存していたから、この家の洋風と和風も、そうした暮らしを設計という形で具現化させたと考えると合点がいく。因《ちな》みに、日本初の紅茶ブランド「三井紅茶」（現「日東紅茶」）が発売されたのは、昭和二（一九二七）年だそうだ。
お雇い外国人ジョサイア・コンドルに始まり、大正から昭和にかけては、W・M・ヴォーリズ、F・L・ライト、J・H・モーガンと、日本の建築界は、いまだ舶来志向が続いていた。しかし藤井の卒業から下ること七年、大正九（一九二〇）年に設立された分離派建築会（堀口捨己《ほりぐちすてみ》、山田守《やまだまもる》など東京帝国大学工学部建築学科の卒業生十五名の内六名が参加）の活動など、日本人による設計が広まっていく。昭和四（一九二九）年、聴竹居の隣に建つ山崎蒸溜所から国産初のウイスキー「サントリーウイスキー白札」が発売される。その新聞広告には「断じて舶来を要せず」と鳥居信治郎《とりいしんじろう》の強い言葉が載った。紅茶、ウイスキーと聴竹居。同時代性を感じるのは私だけだろうか。

　聴竹居を再訪したのは平成三十（二〇一八）年秋。聴竹居倶楽部のホームページに掲載されていた「講師と巡る大山崎ハイグレード名建築ツアー」という鳴り物入りの見学会に参加した時だった。このツアーは約六時間をかけて、待庵と聴竹居を始め、離宮八幡宮文書《もんじょ》、宝積寺《ほうしゃくじ》の閻魔《えんま》大王像と眷属《けんぞく》像と、行く先々ですべて国指定重要文化財を拝み、そして宝積寺に隣接するアサヒビール大山崎山荘美術館まで歩くという行程で、昼食のお弁当代込みで一万円という、内容もお値段も正にハイグレードなツアーだった。そして、このてんこ盛りツアーのお蔭で、私は初めて待庵を拝観することができたのだった。

## あらゆる流れの、最初の一滴——待庵

### 天上の建築

国宝待庵を拝観する、という千載一遇《せんざいいちぐう》の好機を前に、私は地元の図書館へ行き、『日本名建築写真選集（第10巻）待庵・如庵』（新潮社）を借りてきて、何度も何度も読み眺め、出かける前には必要なページをコピーして持参した。この選集（二十分冊）の一冊になるくらいであるから、〝隠れた〟などと貶《おとし》めることはないのだが、行ったことがある・見てきた、という人に、私はこれまで会ったことがないから、天上の建築とでも言い換えればいいだろうか。

待庵はなぜ国宝なのか・・・。

表門から玄関・庫裏を望む

それは、この待庵が千利休《せんのりきゅう》作とされる唯一の茶室であるためである。と同時に、その技を見ると、「茶室を専門にする大工（数寄屋《すきや》大工）が、時を同じくしてあらわれたことを伝えている」（『土壁と柿』）のである。あらゆる茶室の、待庵は、その始まりなのだ。「利休の死から約三年後には、千家は家康《いえやす》や蒲生氏郷《がもううじさと》のとりなしで、晴れて再興が許されます」（同）。その千家の三人の息子たちが確立した「千家流」。それを基盤として変容させた「武家茶道」など、今や五百以上あると言われる流派、つまり流れの、この一庵は、最初の一滴、なのだと私は思う。

待庵は、ＪＲ山崎駅の駅舎を背に午前十時の方向に在る古刹《こさつ》妙喜庵《みようきあん》の書院に付帯している。北側をＪＲが、南側を阪急電車が通る。古代から交通の要衝《ようしよう》とはいえ、現代ではかなり残念な場所に位置している。もちろん東京の日本橋と同じで、後から通った鉄道が邪魔しているのであって、待庵に責はない。

玄関を入ったところの庫裏《くり》が江戸時代、右に折れて入る書院（対月庵《たいげつあん》）が室町時代の創建で国指定重要文化財。書院の次の間に手荷物を置いて、竹節欄《たけのふしらん》間《ま》をくぐって用意されていた座布団に座る。住職のお話は予習してきた通りのことで、耳はそれに傾けながらも私の眼は、細いと記されていた柱や長押《なげし》、猿頬《さるぼお》仕上げの天井、竹節欄間と、その一つ一つを確認していった。外に目をやると、軒の深さが際立つ。私は、この建物が受けた四百年以上の厳しい風雪を思い描いていた。

妙喜庵の解説は短くて、待庵についてはさほど触れず、講話は終わった。縁側へ出て四、五人ずつ用意されたサンダルを履き、路地の延段《のべだん》を土間庇《どまひさし》へと向かう。

茶席、次の間と勝手の間を含んだ全体がわずか四畳半の建物は、映画のセットのようにも思える。いよいよ土間庇下へと回って、下地窓《したじまど》、連子窓《れんじまど》、躙口《にじりくち》と、ここに招かれた、もしかしたら秀吉の背中を、ふわりとここへ置いてみたくなる。確かに躙口は、思っていたよりも大きい。そしてその口から見る内部は、この日の曇りという天候をそのままに、目が慣れるまで少し時間がかかった。

正面の全景は、床の間と空間を広く見せるため、隅と天井とも柱や廻《まわ》り縁《ぶち》（天井と壁を見切る部材）が見えないように土で塗り込めた室床《むろどこ》。竹を多用した天井、正客の真上は駆込天井《かけこみてんじょう》にして圧迫感を逃している。また、これは、ここに来なくてはわからないと私が嬉しく目に焼き付けたものは、東側の窓からの柔らかな日差し。曇りでも、午前中の豊かな光を集めて、発光しているかのような障子は、瞬間をスチール写

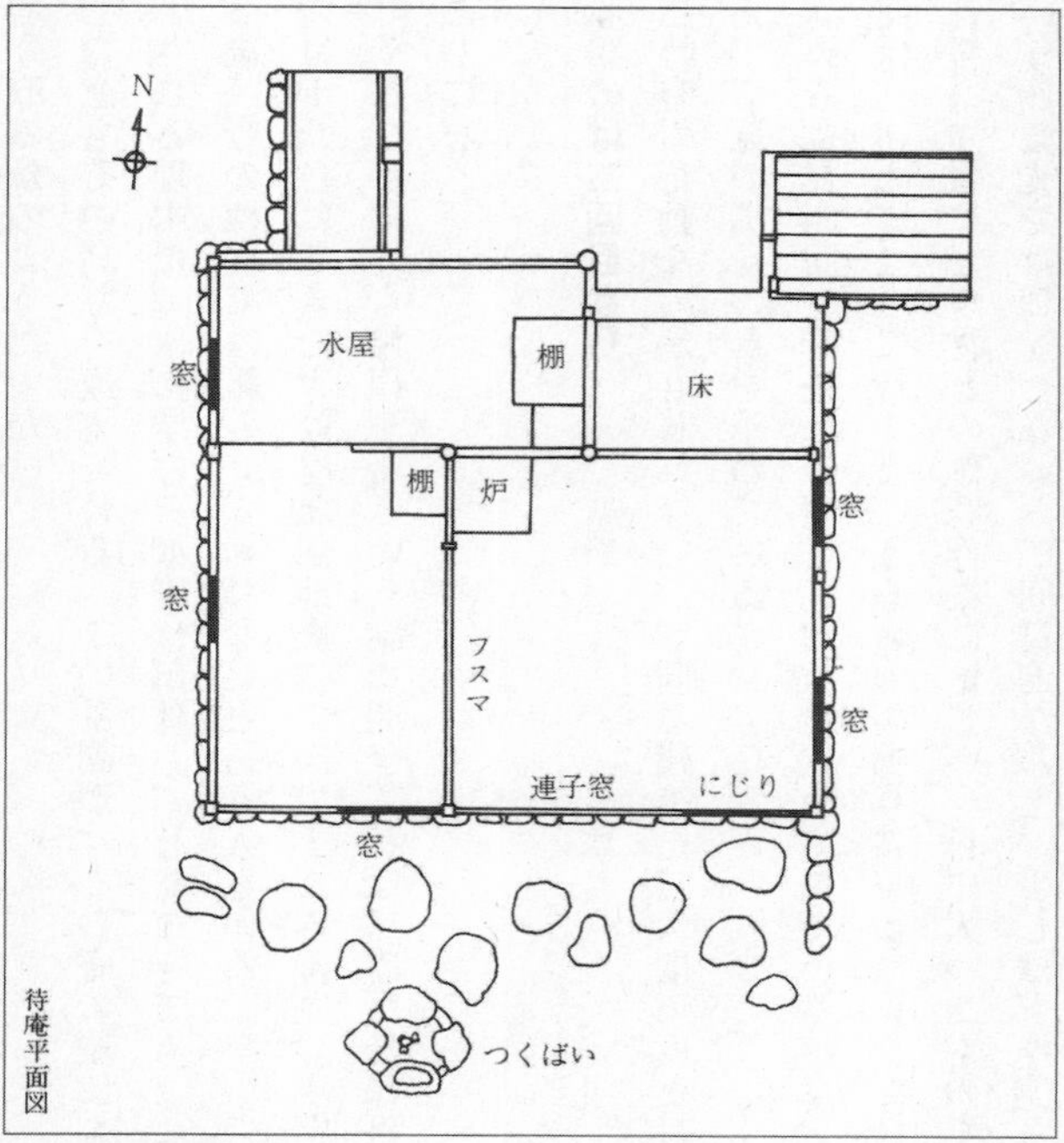


待庵平面図（資料提供：妙喜庵）

真のように切り取るかのようだった。

そして、どの窓もその高さを違《たが》えている。この乱調が、この庵の後にも先にも、造るのは困難とされる理由だ。次に挙げる如庵は解体し、移築できても、この待庵は、分解したら最後、今の棟梁では組み立てられないと言う人もいる。

この年の六月十八日に起きた大阪府北部地震によって、この待庵の土壁にも亀裂が入っていた。それを冬にでも修復するという話を聞き、私は二カ月後に再び、この待庵を訪れることになる。

## 本当に〝見る〟のは二回目から

これは、私特有の行動なのかもしれないが、同じ建築を、二度三度と日を変えて、時間帯を変えて、見て歩くことを重ねている。

聴竹居を訪ねること四回、待庵は二回と、回数を重ねて見ているのは、二つの理由がある。初回は、初めて会いに行くという心臓の高鳴りに意識は正常ではないし、事前に調べた資料（知識）と現物との確認作業に忙しい。目に入ったものを、自分なりに考えるという作業までは到達しない。二回目となると、少しはドキドキも収まるし、見ることよりも考えるという余裕が生まれて、つまり本当に見ることになる。
待庵を、その年の十二月に再訪したのは、こうした理由と、あと一つ。亀裂の修復後は、現在見ている姿とは違ってしまうことを恐れたからであった。同じ修復が聴竹居でも、その冬に行われて、聴竹居の場合は、塗装工事も無事終わった翌年五月に四度目の訪問をしたが、あのくすんでいた壁の色はなんだったのか、と目を見張るほどの新品の色に塗り替わっていたのが、眩《まぶ》しいやら残念やらであった。

ＪＲ山崎駅のホームに立ち、北側の天王山を見上げると、左後方がサントリー山崎蒸溜所（住所は大阪府島本町になる）、真向かいが聴竹居のある藤井厚二が買い取ったエリア（戦後分譲して、その住居が並ぶ）、その右奥にアサヒビール大山崎山荘美術館と並ぶ。大山崎山荘＝かつての加賀正太郎《かがしょうたろう》別荘は、大正元（一九一二）年に土地を取得、部材は世界各地から逸品を集め、増改築を繰り返して昭和の初めに別荘として完成する。藤井の実験住宅は、大正十一（一九二二）年から昭和三（一九二八）年にかけて三棟が建築される。そして、サントリー山崎蒸溜所は大正十二（一九二三）年に竣工し蒸溜を開始している。

つまり大正末期、この天王山には、おびただしい数の石工、大工、左官、人夫・・・たちとトラック、大八車、視察の車列などが来る日も来る日も往来していた、最高に賑やかな時代があったのだ。通過する快速列車を見送りながら、この駅前で沸き起こっていた建設ラッシュの槌音《つちおと》と歓呼の応酬とを、私は懐かしく聞こうとしていた。

**＊聴竹居**（☎075—956—0030）

**所在地** 京都府乙訓郡大山崎町大山崎谷田31

**行き方** ＪＲ東海道線山崎駅、または阪急京都本線大山崎駅から徒歩（とても急な坂）10分。

**見学方法** 聴竹居ホームページに、見学申し込みのリンクがある。日曜日の（1）9時30分～（2）11時～（3）13時30分～（4）15時～のいずれかを申し込む（お盆・年末年始は休み）。1000円（大人）。

**＊待庵**（☎075―956―0103）

**所在地** 京都府乙訓郡大山崎町大山崎竜光56

**行き方** JR東海道線山崎駅から徒歩1分、または阪急京都本線大山崎駅から徒歩5分

**見学方法** 一カ月以上前に往復はがきで申し込む。月曜・水曜（および不定期）は見学を受けていない。見学は午前中のみ。拝観料は有料で不定。撮影不可。

**＊大山崎町歴史資料館**（☎075―952―6288）

「待庵」の実寸大の模型を展示している（内部に入ることはできない）

**所在地** 京都府乙訓郡大山崎町大山崎竜光3

**行き方** JR東海道線山崎駅、または阪急京都本線大山崎駅下車。西国街道を京都方面に歩き、阪急京都線をくぐって徒歩5分。

**見学方法** 月曜日（祝日の場合は翌日）を除く9時30分～17時。臨時休館日あり。200円（個人）。

【参考文献】
・『聴竹居　藤井厚二の木造モダニズム建築』（２０１５年、松隈章、平凡社）
・『日本名建築写真選集（第10巻）待庵・如庵』（１９９２年、新潮社）
・『妙喜禅庵』（妙喜庵で発売されているA５サイズの解説書、カラー16ページ）
・『土壁と柿　妙喜庵　書院および茶室待庵保存修理の写真記録』（２０１９年、竹中大工道具館＋ヴュッター公園編）

# 如庵、森鷗外・夏目漱石住宅、西園寺公望別邸「坐漁荘」（愛知県犬山市）

市章は㊀（丸に一）――犬山市

## 午前に犬山城か有楽苑、午後に明治村

国宝犬山城《いぬやまじょう》がある町である。といっても、城郭ファン以外は、犬山城ってどこにあるの？　と、きっと印象に薄い。小粒だが、国宝五城の一つであるし、成瀬家の居城となって四百年弱、その直系が受け継いで平成十六（二〇〇四）年まで個人所有だった、とクイズなどで知っている人も多いだろう。最寄りの駅は、名鉄犬山駅。名古屋駅からは、運よく特急に乗れれば二十五分くらいである。

人口七万三千人余りの、愛知県の北端（木曽川《きそがわ》の向こうは岐阜県）に位置するこの市には、国宝建造物が二つある。もう一つが「如庵」である。如庵は今、名古屋鉄道

株式会社が所有・経営する有楽苑《うらくえん》という庭園の中に腰を据えている。待庵が、近隣から移されたとはいえ、千六百年前後から妙喜庵にずっと在ることを当然とするならば、如庵は三度の移築という憂き目にあった茶室である。移動距離にして約八百四十キロメートル。それは京都から東京、東京から大磯、そして昭和四十七（一九七二）年にやっと、ここ犬山市が安住の地となる。こんな茶室が他にあるだろうか。

犬山市を訪ねるのなら、午前に犬山城か有楽苑、午後に博物館明治村《めいじむら》（以下、明治村と称す）という日帰りコースを考える人もいるだろう。明治村は、建築好きならば、何度訪れても回り切れないほどの建築や橋梁《きょうりょう》、乗物が迎えてくれる。

明治村の開村は、昭和四十（一九六五）年。昭和三十年代に始まった高度経済成長と引き替えに取り壊されていく運命にあった明治の産業遺産・建築遺産を、一つでも多く保存するために、この野外博物館は開館した。六十を超える建築や遺構があるなかで、この二人が住まなかったら、残されることはなかったと思う「森鷗外《もりおうがい》・夏目漱《なつめそう》石住宅《せき》」と、平成二十九（二〇一七）年と比較的新しく国指定重要文化財に指定された、西園寺公望《さいおんじきんもち》別邸「坐漁荘《ざぎょそう》」を、ここでは取り上げてみたい。

# 旅する茶室——如庵

## 修理前に滑り込み見学

平成三十（二〇一八）年に二回、待庵を訪れた私は、二度目の旅から帰宅するなり、「如庵」はどうなっているのだろう、拝見することは可能だろうかと、ホームページを探した。そこには、秋期の公開は終了したというお知らせが載っているだけだった。

年が明け、再びそのページを見ると、建造物等の保存修理工事のため公開を一時休止するというお知らせが載っていた。寝耳に水であった。

それから一、二週間した頃だろうか。しつこい私は、再度そのページを見てみた。

今度は、休園前の特別見学会という記事があり、一週間前までにはがきで応募するようにとあった。なんと、その日は最後の公開日の一週間と一日前である。すかさず私は電話を入れた。すると、応募が多いため、公開の回数を増やした。今からはがきの応募では間に合わないので、この電話で申し込みを受け付ける、と有難い返事をいただいた（セーフ！）。

平成が終わる三十一年二月四日。前日に名古屋入りした私は、先に明治村に行き、小牧に泊まった。翌日の午前に犬山城を訪問し、ランチを有楽苑隣りにある名鉄犬山ホテルで、というコースは、東京を出る前から決めていた。木曽川の絶景を楽しめるこの名鉄犬山ホテルの建て替えが決まり、先立って「有楽苑」が休園になるようだった。私は、オーソドックスなミックスサンドイッチと紅茶とで、このホテルとのお別れをした。

この特別見学会の詳細は次のようなものだった（当時のホームページより引用）。

《「通常は中にお入りいただく事の出来ない、国宝茶室「如庵」の内部で説明を聞きながら特別にご覧いただける特別見学会！　如庵は三名席の一つで、内部では「有楽窓」と呼ばれる窓や、斜めの壁と中柱の構え等随所に工夫がこらされており、独特の世界を創り出しています。【料金】お一人様　三千二百円（入苑・抹茶・特別見学料）【内容】・国宝茶室「如庵」の説明と内部（入室）見学・茶室「弘庵《こうあん》」又は「旧正伝《しょうでん》院《いん》書院」での抹茶の接待》

待庵は外から見るだけで、如庵は中に入っての見学と、待遇がだいぶ違う。これは茶室そのものの広さの違いと、やはり所有者が宗教法人か私企業かという違いだろうと、後から私は考えた。あの日、ホームページをしつこく見に行かなかったら、令和三（二〇二一）年秋までという二年半、私はこの茶室を見ることは叶《かな》わなかったのだ。建築歩きをしていると、このように建物が私を呼び寄せる、という体験を度々する。それだから、この隠れた建築巡りの旅はやめられない。

## 有楽椿がお出迎え

その日の特別見学会、十三時の部は、三十分前くらいから予約した人たちが、集合場所の入苑口に三々五々集まっていた。年齢も姿かたちも異なるが、静かな期待感をまとった同士であった。出札所で料金を支払い、全員が揃うのを待つ。参考文献に挙げた名鉄発行の『有楽苑』という冊子と『有楽苑築造記』もここで帰りに買い求めることができた。

基本的な注意事項と、今日歩く見学コースの説明があって、一行はまず岩栖門《いわすもん》へと歩を進める。この門は、文明年間に細川満元《ほそかわみつもと》が京都新町頭に建立した岩栖院の唐門と伝えられている。やはり明治末期に三井家が入手し、如庵と共に大磯に移されたが、有楽苑へもお供をしてきた。

内苑に入ると、有楽椿が蕾《つぼみ》をたくさん、そして幾つかの可愛《かわい》い花を咲かせて、私たちを迎えてくれた。薄紅色の一重ラッパ咲きの椿であり、織田有楽斎《おだうらくさい》が愛したという茶花である。見ごろは三月から四月だそうで、その様を想像するだけで、見えない有楽斎がそこに立っているような気がする。花には不思議な妖気があった。犬山の書院へと一行を招く敷石は御影石《みかげいし》だろうか。書院の周囲は大きな木もなく、明るい空が書院全体の照明となっている。書院は、外苑からは段々状に約一尺盛り土をした上に移築されていた。これは、この有楽苑を設計した建築家堀口捨巳の計画のようだ。

書院は北側の入り口から入ることになるが、この入り口が軒唐破風《のきからはふ》をモダン化したとでも表現すればよいだろうか。隠遁《いんとん》の身とはいえ有楽斎の武家としての矜持《きようじ》が感じられ、優美で慎ましい。

書院に入り、北側に並ぶ三室の三の間に手荷物を置き、中の間にて如庵の解説を受けた。案内をしてくださった方は年配の男性で、長く名鉄に、この有楽苑に勤めていると感じさせる愛情が、聞くものにも伝わってくる。有楽苑が開園した昭和四十七（一九七二）年は、如庵四百年の歴史では、最近の五十年足らずに過ぎないが、高卒で入社した人ならば、サラリーマン人生のすべての時間である。それだけの歳月を、この茶室、露地、書院は、もうここ犬山で、それを保持する人たちと過ごしてきたのである。

書院には十数名が一部屋に入れても、茶室は二畳半台目であるから、入室は四人ずつに分かれてとなった。恐る恐る、できることなら私は宙を浮いて、この茶室に私如《ごと》きの体重をかけないように入ることはできないかと思うほどに緊張して、茶室に詰めて正座した。

あとの三人とは、たまたま近くに居ただけのご縁である。しかし今、予約をした時から、家を出る時から、心待ちにしていた、この空間と時間を共有している。

待庵は、建築を外側から見るという流れ作業的な気ぜわしさ感が否めなかったが、この如庵でのひとときは落ち着いた時間だった。内部に正座する安定感、皮膚が感じる隣人や壁とのほどよい間隔、内部と外部という音の聞き分けや温度・湿度の差。障

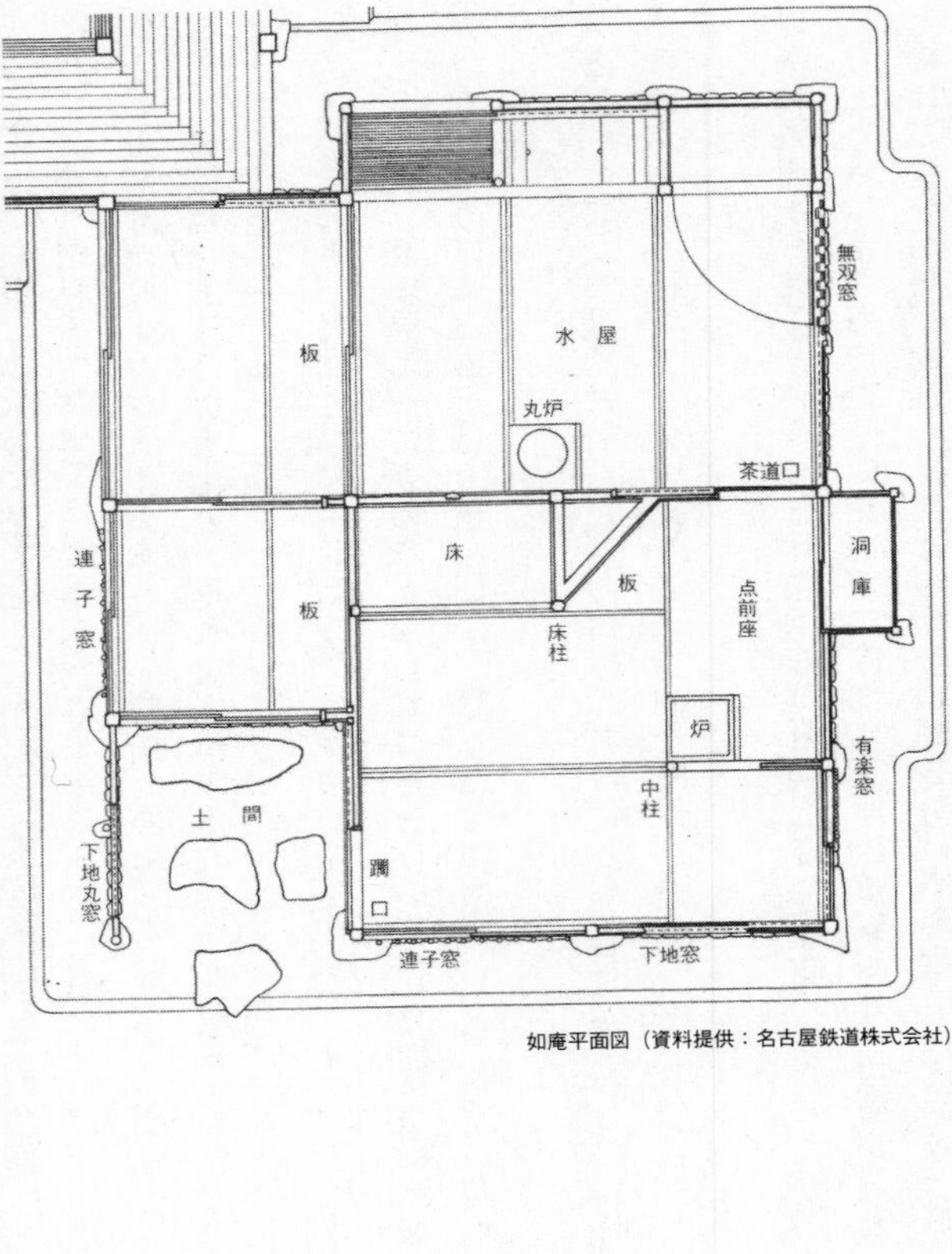


如庵平面図（資料提供：名古屋鉄道株式会社）

子越しの光を吸い込む壁、またそれを反射する壁や下張り。そうした光が私をあちこちから照射する。そして、その光もまた、時のうつろいと共に刻一刻と変化していく。今、まさにそのただ中に居るのに、どこかそこに居る自分を俯瞰《ふかん》しているかのような、不思議な時間が流れた。炉の前角には中柱を立てて板を嵌《は》め、それを火灯形《かとうがた》にくり抜くことで集める光、床脇の鱗板《うろこいた》（三角の板）の工夫、腰貼りに使われた古暦など、これが如庵という、その何もかもを、私は今でも目の奥に映し出すことができる。

室内での撮影は禁止されたが、苑内、建物の外からの撮影はどこも自由にすることができた。書院を出た一行は、まず書院を外から拝見し、その後、含翠門《がんすいもん》へと歩き外苑を散策する。この頃になると、ガイドの方と一緒に歩く人、カメラを構えるのに忙しい人と、自由散策になっていった。再び萱門《かやもん》から内苑に入り、如庵を外から拝見し、そして露地の見学と特別見学会は終盤に入る。

## そのままの姿で四百六十キロの移築

書院、如庵、その露地は、移築と有楽苑の設計を率いた堀口捨己の考えが、どの箇所にも表れていて、その外観を見るだけでも十分に、これらの建築群を楽しむことが

如庵外観

水鉢「釜山海」

有楽好み井筒（佐女牛井）

（写真３点提供：名古屋鉄道株式会社）

できる。

如庵を南面から見ると、片入母屋《かたいりもや》という非対称の姿が、まずおもしろいと感じる。西洋の建築や庭園は左右対称を基本とする。その安定感を良しとする。

反して日本の建築や庭園は、非対称の微妙なバランスを、何故だか心地よいと感じるようだ。薬師寺は、東塔だけ残っていた時期を知っているだけに、西塔が建ってしまってから私は、バランスが取れ過ぎているようで、違和感がある。

南面の左側には一間四方の土間があり、その右手に躙口がある。躙口が正面になく、土間の左手の袖壁には円形に切った下地窓があって、土間それ自体が、茶室の前室のような、一息つく空間となっている。どこを取っても（ほほう）なのである。目利き《めき》となるには、良いものを見ることが大切とよくいわれる。名席とはこういうものなのだ、という標準が、この日、私には備わったのかもしれない。

正面からの見学を終えると、最後は露地に回る。左手に「釜山海《ふざんかい》」という銘を持つ蹲踞《つくばい》が置かれている。これは加藤清正《かとうきよまさ》が文禄の役（一五九二〜一五九三）で釜山《プサン》沖から持ち帰ったという謂《いわ》れを持つ。右奥にある石の井筒は、「元和元年九月二日有楽」

という銘があり、村田珠光《むらたじゅこう》の「佐女牛井《さめがい》」と同じ形をしていることから、同名で呼ばれている。

建築も旅をするが、石もまた旅をする。鹿苑寺《ろくおんじ》(金閣寺)の鏡湖池《きょうこち》には、細川石、畠山石と寄進した大名の名が付いた石があり、九山八海石《くせんはっかいせき》は、将軍足利義満《あしかがよしみつ》が中国から運ばせた石と言われている。私は三十年以上、建築巡りの旅をしてきたが、そろそろ軸足を庭園と銘石に替えようかと迷うくらい、石の世界もまた魅力的である。

立春の午後の陽は、思うより早く傾いてゆき、特別見学会の最後は、弘庵でお菓子と抹茶を頂いた。見学会をご一緒した方たちとは、「終わったー」という冷めやらぬ興奮と、「終わってしまったー」という一抹の寂寥《せきりょう》とが、それぞれ口を衝《つ》いて出る。平成という日に、如庵、露地、書院の見学ができるのも明日限り。名残惜しい、有楽苑からの帰路となった。

犬山市へ旅立つ前に、如庵についての私の知識は、有楽苑のホームページに記されている内容だけであった。帰宅してから『有楽苑築造記』を読み進めると、三井家時代の移築については、『三井八郎右衛門高棟傳《みついはちろうえもんたかみねでん》』に詳しいことがわかった。便利なのか不幸なのか、現代では、自宅に居ながら、古本街を歩くより遥かに効率的に古書を探せる。三井文庫が発行した、この一代記を五千円ほどで購入することができた。それらをまとめた如庵の歴史（要約と引用）は、以下のようになる。かなり長くなるが、ご容赦いただきたい。

《有楽苑に移築された如庵、それに連なる旧正伝院書院（重要文化財）、如庵露地は、もともと京都建仁寺塔頭正伝院に創建したものである。

織田有楽斎は、織田信秀の十一男で、天文十六（一五四七）年尾張に生まれ、名を長益《ながます》と言い、剃髪してから有楽斎如庵と号した。長益は、関ケ原の戦いでは東軍に属し戦功を上げ、その後も豊臣家に仕え、大坂冬の陣の際も大坂城に居して豊臣家を支えた。しかし、大坂夏の陣を前に豊臣家からは離れている。大坂退去後は京都に隠棲し、前述した正伝院を復興した。

「有楽斎は元和四（一六一八）年境内に隠居所を完成し、そこに入るとともに、同時に隣接して建てられた茶室に絶えず賓客を招いて茶会を催し、余生を送った。彼は茶席、茶庭、茶具の制作に特異の風格を示し、茶の点前にも独自の法を生み出し、有楽

**流の祖となり、元和七（一六二一）年に七十五歳で世を去ったが、この茶室こそ如庵であり、隠居所がその付属書院である」**

その後、江戸時代を通して正伝院は保持され維新を迎えるが、明治六年、正伝院は永源院に合併されることになり、正伝院の遺構は全て祇園町有志等に払い下げられ、有楽館の名が付けられて京都における集宴所となった。その経営も困難となって明治四十一年売却が決まり、如庵、その露地と書院は三井北家が入手し、東京麻布今井町（現在の六本木二丁目）の三井本邸に移築された。これが、第一回目の移築である。京都から東京まで約四百六十キロメートル。「如庵は解体されず、そのまま車両に積んで東海道を東京まで運搬した。京都の数寄屋大工平井家四代竹次郎が指揮した。」という記録が残る》

三井北家とは三井家（三井十一家と呼ばれる）の総領家で、その当主は代々八郎右衛門を名乗る。高棟は、幕末から昭和初めにかけて、三井家が大発展を遂げていく時代の当主であった。この時代に、「三井家憲」の制定、三井本館の竣工、三井銀行、旧三井物産、三井鉱山の株式会社化などが次々と行われている。

今井町の三井本邸は、今井町のみで約一万三千五百坪あり、明治三十九（一九〇六）年春に竣工したときの建坪は約七百坪、本館が十四棟、茶席三棟、土蔵三棟、供待、門番所、車夫部屋、作事場などが建てられた。この時はまだ如庵、その露地、書院は移築されていない。

明治四十一年に移築された正伝院の遺構は、その後、高棟の事業での重責ゆえに、約二十年間、沈黙する。

## 深夜の国道を大移動

ようやく、如庵抜《び》きが行われたのは、昭和三（一九二八）年四月のことである。四月十六日の初回に始まり八日ほど続けられた。その詳しい模様は、同年五月の『国民新聞』に高橋義雄が連載記事を寄せ、ここに、如庵、その露地、書院は、その光を万人に放つことになる。その価値を評価する声は年を追って高まり、昭和十一（一九三六）年四月、如庵と露地は国宝（旧国宝法、重要文化財）に指定される。

この国宝に指定されたことが、如庵、露地、書院の次の移築へのきっかけとなったようだ。満州事変以来、国家政策と一体化して三井物産、三井鉱山などの中国進出を展開した三井家の総領家当主という立場は、起こりうる日本の危機を誰よりも予感していたのだろう。国宝に指定された翌月十日の『城山荘《じょうざんそう》日記』には、早くも城山荘(大磯別邸の名称)における移築敷地調査の記述がある。七月五日には、建築家佐々木孝之助、堀口捨己と文部省の国宝掛吏員二名を城山荘に招き、如庵移築についての協議も行っている。

そして、翌年十二年五月、如庵の大輸送作業が行われたのである。

《如庵は、運搬可能な最大限の範囲への三分割(建物胴回り二個及び屋根)にとどめて、移築されることとなった。第一号:席および水屋前部分、第二号:入口踏込躙口側ならびに駆込廊下付間境で切り離し、第三号:第一号部分の屋根。

この第一号、第二号部分はトラックの容量を遥かに超えるため、特別のトレーラーを作製して、そこへ積載し、トラクターで牽引するという方法をとった。容積:長さ二十六尺七寸三分、幅十一尺二寸、高さ十一尺七寸で、予め《あらかじ》「制限外物件運搬許可申請書」を通過地域の所轄警察署に提出し、許可を受けて運搬しなければならなかった。このトラクターの扱いは竹中工務店が担当した。

第一号は昭和十二年五月八日午前零時に本邸を出発、深夜の京浜国道を通り、同日午前七時神奈川県戸塚に到着し、国道脇の空き地で夜まで待機した。午後九時三十分、交通量が減少したのを見計らって再び移動を開始し、九日午前零時三十分辻堂駅東側踏切に到着した。そこで一時間ほど待機したうえ、列車の通過が全く無くなった午前一時三十分、かねて願い出てあったとおり、通過の障害となる遮断機木柵を一時撤去して、一時五十分無事踏切を通過、二時十分までに撤去物の修復も完了した。城山荘入口到着は午前六時であり、午後三時には荘内の移築敷地への搬入を終了している。この輸送はトラック、予備トラクターなどの車両が随行し、三十名近くの人員が従事した大掛かりなものである。

また、第二号解体部分の輸送も五月十二日から十三日にかけて実施された。こうして、五月中旬までに如庵本体の輸送を実現したが、五月から六月にかけて、植木、庭石はじめ露地を中心とする関係付属物の搬入が相次ぎ、六月末までに輸送作業はほぼ終了した》（『三井八郎右衛門高棟傳』より要約）

この距離、約七十二キロメートル。

文章を読んだだけでも、深夜の国道一号線（お正月に放送される箱根駅伝の中継中、「懐かしの」と放送されるモノクロ映像を思い出していただきたい）を、そろりそろりと茶室が運ばれていく様が想像できるだろう。けれども、それは想像だけではなく、映像として公開されているのである、と言ったら、「嘘だろ！」と跳ね返されるほど衝撃的な事実ではあるまいか。

それは、京都市にある旧三井家下鴨別邸で、見学者が最初に見るビデオ映像の一部として大磯到着時の様子が数十秒に編集されていた。「あの映像はどこから？」と受付で訊《き》いたところ、「東京・日本橋の三井記念美術館で放映されているビデオを京都市が借用している」と。つまり、やはり国宝の移築という一大事のため、関係者が撮影までしていたのだ。前述の『城山荘日記』がつぶさに、この前後のことを認めているのも旧家らしいが、映像までとは、さすが三井財閥である。

今井町の三井本宅は昭和二十（一九四五）年五月二十五日、米軍の焼夷弾攻撃いわゆる山の手大空襲により、蔵の一部を残して悉《ことごと》く焼け落ちた。しかし戦後の財閥解体後も、大磯の城山荘は残存する。昭和二十六（一九五一）年、文化財保護法により如庵は国宝に指定された。その売却話が持ち上がったのは、昭和四十四（一九六九）年。如庵と書院の売り渡し申請に文化庁がこれを認可したのが翌年一月十三日だった。文化財建造物、それも国宝の移築は、よほどの理由がない限り国の許可は得られないらしい。それを可能にした理由の一つが、後述する博物館明治村を昭和四十（一九六五）年に開村し、移築後に幾つかの建造物が国指定重要文化財に指定されたという実績であった（博物館明治村と有楽苑は共に名古屋鉄道株式会社傘下にある）。第二回の移築に関わった堀口捨己が、この第三回の移築を指揮することになる。ここからの詳細は、堀口の下で名鉄の社員として一部始終を見届けた金子暁男の『有楽苑築造記　国宝茶室「如庵」移築と堀口捨己』に詳しい。大磯から有楽斎の生まれた尾張の国、犬山市まで約三百九キロメートル。

こうして、如庵は、その露地、書院と共に永住の地に着いたのである。あぁ、長かった。これを読まれた方の疲労も推察するが、これだけの記録が残っている茶室、その露地、書院を、私は公開休止になる直前に奇跡的にも拝見することが叶ったのである。このご縁は、生涯忘れ難いものとなった。

蛇足であるが、如庵は、所縁の二カ所に、その模型を見ることができる。三井記念美術館内と、大磯町にある大磯城山公園内である。名席と呼ばれる茶室は、手離してもなお、愛着が深いようだ。

## 大正時代の建築もある——博物館明治村

建築が、その持ち主の存亡と運命を一にすることを、如庵の例はよく表している。その如庵が犬山市に来たのは、前述のように、明治村という実績の賜物である。

手元にある『博物館明治村ガイドブック』は、昭和六十（一九八五）年発行のものである。私は二十五歳で、その頃ちょうど名古屋に本社のある電子機器メーカーの仕事を受注し、一年の内、四カ月は連続で東京から名古屋へ通っていた。金山に泊まることも多かった。その時に、時間を作って歩いたのが、初回ということになる。その名古屋での仕事の合間に、何度か訪れたのかもしれない。

次に記録があるのは平成十九（二〇〇七）年六月。この時は、帝国ホテル中央玄関を多く撮影している。

如庵の特別見学会という予約が取れて、では前日に明治村へ行こうと予定を立てたのは、国指定重要文化財に指定された坐漁荘が、建物ガイドによる内部公開が行われていると知ったことが理由だった。内部が公開されている、しかもガイド付き。これは外せない。

## 明治中期のごくありふれた家――森鷗外・夏目漱石住宅

### 家は最小の社会構造を表す

その前に、私が明治村を訪れたら、まず先に会いに行く建築、について触れておきたい。

「森鷗外・夏目漱石住宅」である。

この住宅は、明治村開村当初に、ここに移築されてきた。跡地は日本医科大学の土地となり、旧居跡（猫の家）の案内板がある。鷗外が住み、漱石が『吾輩は猫である』をここで執筆しなかったら、明治村への移築・保存など、あり得なかっただろう。

この「明治中期のごくありふれた建坪三十九坪の平屋」（『博物館明治村ガイドブック』）は、現在の住まいに至る、都市部に建てられた住宅の変遷を知る上で、実は貴重な資料なのである。

平面図を見ていただきたい。

どの部屋も畳敷きで、南面に縁側があり、厠《かわや》（便所）は西端と北端に一つずつ、家の構造とは別に付けられている。昭和三十～四十年代くらいまでは、東京でも便所は汲み取り式だったから、外からそれが汲み取れるようになっている。北面に家族の寝室、女中部屋が並んでいて、北の厠は女・子どもと使用人が使い、主人と客は、主人寝室とおぼしき南面西側脇の厠を使う。と、明治時代から大戦まで続いた戸主という考え方そのものが、この家にはある。

南面の真ん中の八畳の部屋が床の間付きの座敷で、襖によって東側の六畳の間が次の間と仕切られていて、この二部屋は襖を外して、大きな部屋として使用した。座敷は、主人と来客のためのものであり、昭和初期までの生まれなら「（座敷に）子どもは入ってはいけない」と言われて育った経験がある人が多い。この二間続きの座敷で、小さな婚礼や葬式は、自宅で執り行われたのである。

今、読者の中で、畳敷きの部屋、つまり和室のある家に住んでいる人は、どのくら

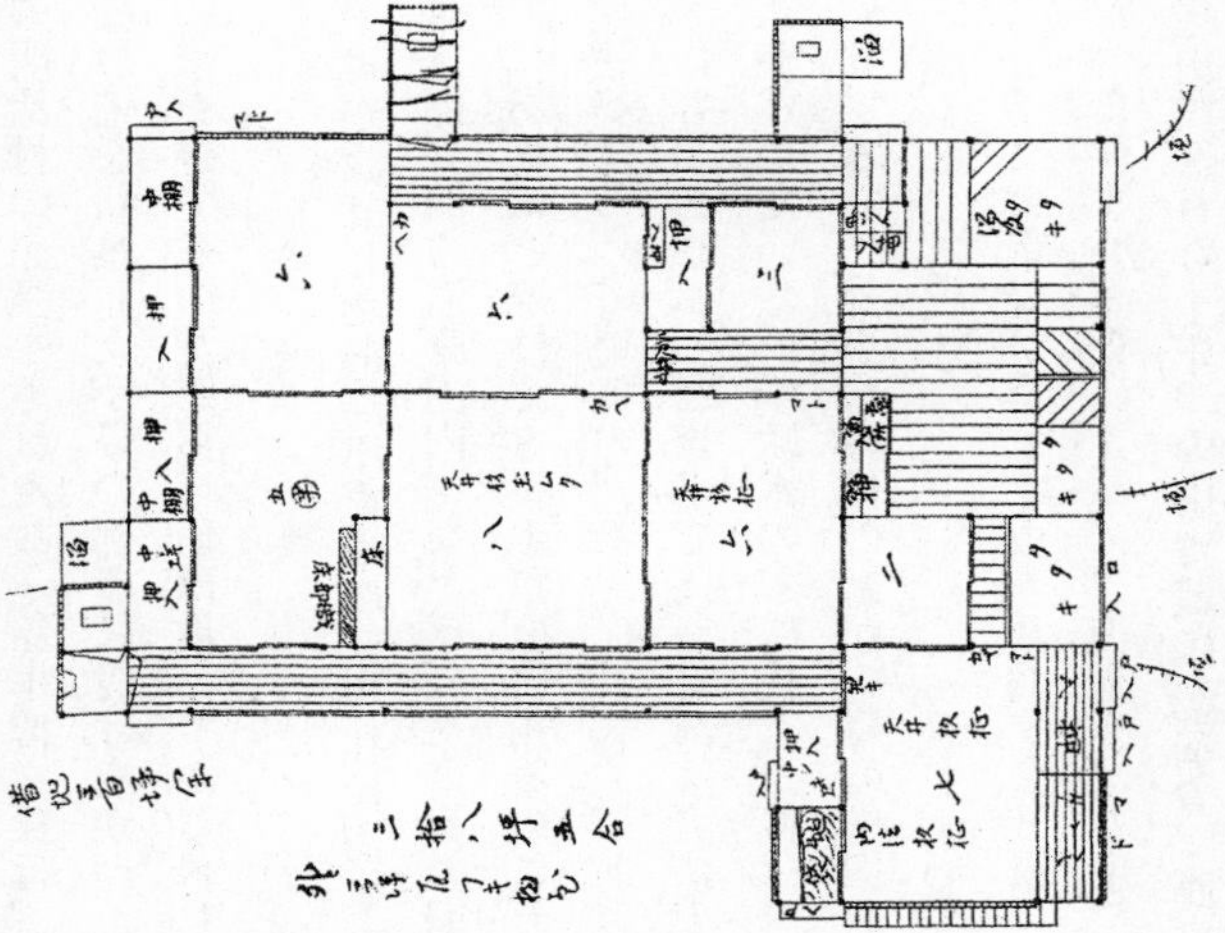

森鷗外・夏目漱石住宅平面図（画像提供：博物館 明治村）

いいるだろうか。この明治村の館長をされた故・鈴木博之氏は、平成九（一九九七）年の対談で、その頃ご自宅を新築したが畳の部屋は設けなかったと話されている。建築史家ですら畳のない家を建てるのだから、他は推して知るべしだろう。

豪邸は残る。コンドルが設計した旧島津家本邸（現在は清泉女子大学本館）、旧古河虎之助邸（現在は東京都立旧古河庭園内）など華族や富豪の旧宅なら幾つでも挙げられる。東京が空襲で、あれほど焼けても、米軍は占領後のことを考えて焼け残したので、大邸宅、大規模建築は残っているのだ。

反して木造家屋、それも、ありふれた貸家で残った例は実に少ない。ただ、鷗外は、もう一つ居住した貸家が残っている。千駄木の家に住んだ後、日清戦争に出征し台湾勤務を経て、小倉に異動する。この小倉時代の家が、森鷗外旧居として公開されている。

大正十一（一九二二）年に東京府が官公庁吏・教員・会社員・銀行員といった中流階級の人々を対象に行った住まい調査によれば、借家率は九十三パーセントであった（『図説・近代日本住宅史』２００１年、内田青蔵ほか編著、鹿島出版会）。鷗外や漱石も例に漏れず、千駄木にあった手頃な貸家にまず住んだということが、それを裏付けている。

漱石は、この家で『吾輩は猫である』を執筆したから、それを読む上で、この家が残されたことは、読者また研究者にとって、これほど好都合なことはない。私は、この家を見るにつけ、例えば、向田邦子の『あ・うん』などの映像が、(これだよなあ)と甦《よみがえ》るのである。生まれてから畳の部屋のない家に育った人の目には、子ども部屋のないこの家は、どのように映るのだろうか。

江戸時代生まれの人がいた明治から昭和。その頃の家。つまり住居という建築のみならず、家＝戸主を筆頭に長男＝跡取りがいて、嫁と長男以外の子ども、女中がいる、という最小の社会構造を知ろうとするとき、この家は、うってつけの存在なのである。

## 東京にあって、京都・奈良にないもの

建築、中でも住宅に興味を持つようになった二十代後半からの私は、いわゆるお屋敷、つまり西洋館にまず心を奪われていた。これには、昭和五十八（一九八三）年に公開された東京都庭園美術館（旧朝香宮邸）が大きく影響していると思う。親族の結婚式が通称〝赤坂プリンスホテル〟旧館（現赤坂プリンスクラシックハウス、旧李王家東京邸）で開かれたのも、その年代だった。

「江戸開幕四百年ちょっとの東京にあって、京都、奈良、あるいは大阪にないものって？」というクイズを、私は、例えば奈良生まれの人と接したときに、悔し紛れに出題する。答えは、宮家の住まい、である。プリンスホテルは、その名の通り、宮家＝プリンスの邸宅を次々に買い取ったことから名づけられている。高輪プリンスホテルは旧竹田宮邸であるし、前述の旧朝香宮邸は、長く白金プリンスホテルとして使われていた。そのお蔭で東京人は、宮家の邸宅を深く考えずに利用している。

西洋館の持ち主に、宮家と同じくらい多いのが華族である。大どころとしては、加

賀百万石の大名から侯爵となった旧前田利為《としなり》邸、肥後細川家の第十六代当主である旧細川護立《もりたつ》邸（現和敬塾本館）、前述の旧島津家本（忠重）邸などが挙げられる。

旧細川護立邸を見学したのは、平成二十（二〇〇八）年であったから、西洋館への私の憧れも、そろそろその熱が冷めてきた時期だったのかもしれない。その日、ガイドの方からは、少し前に億というお金がかかった大規模改修をされたと聞いたので、そのため長く公開はされず、やっと申し込めたという時期だった。

この邸宅で、初めて私は、座敷に公家様と武家様という違いがあることを知った。この邸宅が建てられたのが昭和十一（一九三六）年で、翌年には当主護立の長男護貞《もりさだ》は、近衛《このえ》文麿《ふみまろ》の次女温子《よしこ》を妻に迎えている。妻の実家、つまり近衛家の人が座る座敷と、武家である細川家の人が座る座敷とが、隣り合っている。こんな例は、初めてだった。公家のほうは、床柱から何から華奢《きやしや》な造り。一方、武家のほうは、趣きといったものに欠けて実に素気ない。公武合体ならぬ、公武別々とでも言い表せばいいだろうか。

（公家の家、というものを見る機会は来るだろうか）

その後、京都・今出川にある冷泉家の屋敷を見学する機会もあったが、周囲（外）からの見学のせいか、今一つ、公家の家というインパクトが私には残らなかった。学が無いというのは、こうしたときに露呈してしまうものだ。

そんな私であるが、月日が経ち、四十代は通信制ではあるが美術大学に学び、学芸員の資格も取り卒業した。そして、いつしか興味は、西洋館から江戸時代から明治期の御殿へと、大転換していた。そして、明治村のホームページで知った、西園寺公望別邸「坐漁荘」の建物ガイド付き内部公開に、私の足は向いたのであった。

## 休めない家――坐漁荘

### 数寄屋造りに隠し部屋

坐漁荘は、西園寺公望が大正九（一九二〇）年に、静岡県・清水港近くの興津《おきつ》の海岸近くに建てた隠棲の住まいである。嘉永二（一八四九）年生まれの公望は、七十歳になろうとしていた。第一次世界大戦が終結し、大正八（一九一九）年パリで開かれた講和会議に公望は首席全権として出席し、帰国した翌年に竣工したことになる。

森鷗外・夏目漱石住宅は、外からの自由見学であるが、坐漁荘は、十一時台、十三時台、十四時台それぞれ二十分おきに、建物ガイドの人の解説を聞きながら邸内を見て歩くという方法をとっている。前の回の見学者が外に出てくるのを待って、次のグループが入場するということになる。

玄関は南向きで、切妻破風《きりづまはふ》に軒を付けたシンプルなものである。土間には沓脱石《くつぬぎいし》があり、そこで一段、もう一段上がると板間という上がりやすいものである。

上がった先の玄関の間は四畳半。畳廊下を抜けて次の間から御居間に入る。次の間と御居間はそれぞれ八畳で、東側に入側が付き、入鹿池《いるかいけ》を眺めるように建てられている。移築前の興津では、この家は、東海道を背に駿河湾を見晴らす絶景の地に建っていたため、その風景を再現するかのように、池を海に見立てた方角に向きを九十度変えている（興津では、玄関が西向き、海が南面）。

玄関からこの座敷へと、歩いていると気づくのだが、柱がやや細く、杉の面皮柱を多用している。そのため、全体として軽快な印象を受ける。また、竹も多く使われていることも、数寄屋造りの王道をいっている。やはり、ここが別邸であり、興津という雪も降らない気候を、主が好んだことが想われる。

庭より南面（実際は西向き）を見る（撮影協力：博物館 明治村　撮影：著者）

海に面している側は全面ガラス戸を付けているが、腰付部分が低く、大正九年に、これだけ大きなガラスを入手しているのは、後述するが、やはり弟春翠《しゅんすい》の資金力である。その桟《さん》はとても細く、これだけの細工をする職人は、やはり選《よ》りすぐりの人であろう。

和室から、後から増築されたという応接室とサンルームへと入っていく。ヨーロッパでの生活が長かった公望の椅子座の暮らしという意味で、納得する部屋である。一方で、この屋敷には、隠し部屋があったり、窓枠の竹の中に鉄棒が仕込まれていたりと、風流とは真反対な、不穏な世相に相対する用心も、この家のあちこちに仕組まれているとガイドの人は語る。

この家が、興津から犬山まで運ばれて、国指定重要文化財に指定されるまでになったことを、私は、西園寺公望が住んだという、その由来よりも、この家が、弟春翠が婿養子に入った住友家の出入りの大工、この場合、数寄屋大工であるが、その仕事への評価が高いと考えた。

そう考えると、この家は、愛媛県新居浜市に建つ、旧広瀬宰平《ひろせさいへい》（初代住友総理人）邸とも共通点があるように思える。特にガラス越しの眺望への工夫は、旧広瀬邸他の経験を踏まえてのものと考えられるのではないか。

わずか十五分余りの見学ではあったが、公家出身の兄弟が、その美意識をもって、四つ目に建てた家である、という経験値を含め、傑作中の傑作と思える小品だと私は思った。

内部の見学が終わった後、私は外観を見に行った。南面ガラス戸の軒は、銅板で葺《ふ》かれているそうで、さすがに別子銅山から出た住友家であると、唸《うな》る他なかった。

## 生涯独身だった西園寺

西園寺公望とその住まいについて、簡単に触れておく。

西園寺は、明治三（一八七一）年（二十二歳）に官費でフランスに留学してから、明治二十四（一八九一）年までの二十年間は、留学が十年。その後の伊藤博文《いとうひろぶみ》の欧州歴訪の随員、駐ウィーン・オーストリア＝ハンガリー公使〜駐ベルリン・ドイツ帝国公使兼ベルギー公使など、日本に居る間はほとんどなかった。

一方、この公望の人生とはまったく別の事象が大阪で起きていた。

明治二十三（一八九〇）年の住友家十二代吉左衛門友親《ともちか》の四十八歳での死去と、その一週間後、十三代友忠《ともただ》の腸チフスによる急逝である。住友総理人である広瀬宰平と伊庭貞剛《いばていごう》は、後継者の人選を急ぎ、公望の弟、徳大寺友純《とくだいじともいと》を推し、実則《さねつね》、公望、中院通規《なかのいんみちのり》の三人の兄と友純に、住友家の長女満寿《ます》への婿入りを招請した。明治二十五（一八九二）年、友純は住友家の養嗣子となり、その翌年には、第十五代住友吉左衛門友純（号　春翠）を襲名する。

明治二十七（一八九四）年に公望は、第二次伊藤内閣で文部大臣として初入閣するが、この年、伊藤博文は大磯に滄浪閣《そうろうかく》を建て、明治三十（一八九七）年には、本籍を大磯に移す。この前後から大磯は、陸奥宗光《むつむねみつ》、原敬《はらたかし》、大隈重信《おおくましげのぶ》と政界の別邸建築ラッシュともいえる時期を迎え、明治三十二（一八九九）年、公望は伊藤博文の滄浪閣の隣に「隣荘」という別邸を建築する。これを公望の自邸一作目と数えよう。

そして、この隣組こそが、政友会総裁、西園寺内閣首相という公望の人生をけん引していくことになる。それはしかし、明治四十二（一九〇九）年十月二十六日に、伊藤博文がハルビン駅で暗殺されることで幕を下ろすことになる。

「隣荘」を建てた公望と前後して、弟春翠が神田駿河台に八百五十坪ほどの地所と建物を買う。この敷地に、明治三十三（一九〇〇）年内閣総理大臣代理となった兄に、春翠は邸宅を新築して贈る。この駿河台邸（本邸）が、二つ目となる。

明治四十四（一九一一）年八月、第二次西園寺内閣が発足したが、この内閣が明治天皇の崩御と大正天皇の践祚《せんそ》に当たったことが遠因となり、公望は元老という重責を奉勅《ほうちょく》することになる。

また、京都・出町柳の東にあった徳大寺家の下屋敷「清風館」は、住友吉左衛門友純に譲渡され、同年同月兄公望の別邸清風荘の新築が始まっている（大正元《一九一二》年完成）。庭園は七代目小川治兵衛《おがわじへえ》の設計。『値段の明治大正昭和風俗史』（週刊朝日編、朝日新聞社）に拠《よ》れば、明治四十三（一九一〇）年の内閣総理大臣の給料は、年棒で一万二千円である。その額は、庶民からすればべら棒だが、延床面積三二一・一四㎡（約百坪）の上質の数寄屋建築である清風荘主屋は建てられない。ましてや北に土蔵と納屋、南に茶室といった十二の建物など、どだい無理である。内閣の発足と同時に始まった新築工事は、弟から兄への就任祝いと考えるのが自然であろう。これが三つ目の屋敷である。

大正時代に入り、首相は、桂太郎《かつらたろう》から山本権兵衛《やまもとごんべえ》、大隈重信、寺内正毅《てらうちまさたけ》、原敬と三年と持たずに替わってゆく。首相を奏薦《そうせん》する立場である元老はますます忙しい。京都では遠すぎる。また、冬の寒さは天下一品である。公望は、大正五（一九一六）年頃から、興津の旅館水口屋の勝間別荘で避寒するようになる。そうして気に入った興津に、公望は別邸を建てるのである。もちろん、その費用は弟春翠持ちである。大正九（一九二〇）年、四つ目の屋敷は、小ぶりな別邸として完成した。

公望は生涯独身であった。家訓に従ったとされる。最初の妻らしき女性は、新橋宝来屋の芸妓お菊さん（小林菊子）であった。菊子は大磯「隣荘」の主人でもあった。次の女性は、房子さん（中西房子）で、駿河台本邸に暮らした。三人目の女性は、パリ講和会議にも同伴した女中花子（奥村花子）である。彼女は坐漁荘の女中頭として君臨するが、身持ちが悪く、やがて西園寺家から追放されてしまう。その後釜となったのが綾子さん（漆葉綾子）である。が、彼女は花子と揉め、次の女中頭八木悦子とも喧嘩が絶えなかった。

坐漁荘という名前には、「なにもせず、のんびり坐って魚をとって過ごす」という意味がこめられているそうだが、時代といい、女性問題といい、この家は、公望には休めない家だったのではないか。

弟春翠は、大正十五（一九二六）年三月に逝去する。享年六十三。しかし、公望が死ぬまで住友家からの援助の絶えることはなかったという。

＊**如庵**（有楽苑☎0568―61―4608）

**所在地** 愛知県犬山市御門先1

**行き方** 名鉄犬山線犬山遊園駅から徒歩7分

**見学方法** 有楽苑ホームページ参照（令和元年三月から閉鎖中）。令和四年三月、公開予定

＊**三井記念美術館**（☎050―5541―8600）

**所在地** 東京都中央区日本橋室町2―1―1　三井本館7階

**見学方法** 展示室3内に「如庵」室内を再現している（内部に入ることはできない）。季節

や展覧会の内容などに合わせて茶道具の取り合わせを展示している。如庵の移築の模様は、映像ギャラリーで放映されているビデオの一部として、運が良ければ拝見することができる。令和四年四月下旬まで休館中。

**＊大磯 城山《じょうやま》公園**（☎0463―61―0355）

所在地　神奈川県中郡大磯町国府本郷551―1

見学方法　東海道（国道一号線）を挟んで、北側の旧三井別邸地区と南側の旧吉田茂邸地区を散策することのできる神奈川県立都市公園。「如庵」を模した茶室「城山庵」が平成二（一九九〇）年に竣工。横の休憩室（畳席、椅子席）で、抹茶などを楽しむことができる（有料）。

**＊博物館　明治村**（☎0568―67―0314）

所在地　愛知県犬山市内山1

行き方　名鉄犬山線犬山駅東口から「明治村」行きバスで約20分

見学方法　休村日や開村時間などを確認してから、直接訪ねる。名鉄フリー切符＋犬山駅からの往復バス＋入村料＋のりもの乗車券＋クーポンなどが一つになったお得な切符を、名鉄各駅で購入することもできる。

【参考文献】


・『有楽苑』（2004年、名古屋鉄道株式会社）
・『三井八郎右衛門高棟傳』（1988年、三井高棟傳編纂委員会編、東京大学出版会）
・『有楽苑築造記　国宝茶室「如庵」移築と堀口捨己』（2012年、金子曉男、風媒社）
・『博物館明治村ガイドブック』（博物館明治村）
・『元勲・財閥の邸宅』（2007年、鈴木博之監修、JTBパブリッシング）
・『元老　西園寺公望』（2007年、伊藤之雄、文春新書）

# 2 大名の屋敷

Chapter 2

戸定邸
真田邸「史跡松代城跡附新御殿跡」
旧堀田邸
旧田母沢御用邸記念公園内　花御殿部

# 戸定邸（千葉県松戸市）

## 残存する御殿

### 二十三カ所を二年で

四十代の十年をかけて美大に学び、卒業する頃、私は「日本人は、どんな住宅を建てて住んできたのか」という疑問に取り憑《つ》かれた。都下には江戸東京たてもの園があり、また、川崎市立日本民家園も、大学のレポート執筆のために何度も足を運んだ学究の場であった。

明治村もそうであったが、現地での保存が不可能な場合に、移築は、それを救う最終手段である。けれども、知らないだけで、建てられた土地にそのまま留《とど》まっている建築は、まだまだあるのではないか。私は、まず旧大名の御殿、明治以後の華族となってからの屋敷（邸宅）を調べ、それらを歩いてみることにした。

江戸時代に建てられた（城に付帯する）御殿は、元離宮二条城二の丸御殿、高知城本丸御殿（懐徳館《かいとくかん》）、川越城本丸御殿、掛川城二の丸御殿の四つだけが現存する。ただし、これらは式典や饗応の場であったり、公邸・藩の役所であったりした。

次に、江戸時代に建てられた居館では、彦根城槻御殿（楽々園）、旧細川刑部《ほそかわぎょうぶ》邸（細川家三代忠利《ただとし》公の弟刑部少輔《しょうゆう》興孝《おきたか》の下屋敷）、金沢成巽閣《せいそんかく》（巽《たつみ》御殿、加賀前田家の奥方御殿）、松代城新御殿（九代藩主真田幸教《ゆきのり》の義母貞松院《ていしょういん》隠居所）、紀州徳川家別邸巌出《いわで》御殿（三溪園臨春閣《さんけいえんりんしゅんかく》）、三田尻《みたじり》御茶屋（長州藩）、旧紀州徳川家江戸中屋敷（旧田母沢《たもざわ》御用邸）の七つを数えることができた。

明治維新後、江戸時代の遺構を増改築した例も含めて、華族の居宅では、仙巌園《せんがんえん》（島津家別邸）、戸定邸《とじょうてい》（徳川昭武《あきたけ》邸）、旧堀田邸、鶴ヶ峯邸（松浦家私邸）、長府毛利邸、毛利本邸（防府邸・多々良邸）、旧鍋島侯爵邸（啓明学園北泉寮）、旧臼杵《うすき》藩主稲葉家下屋敷の八つをみつけることができた。

これら以外に、復元御殿として、彦根城歴史館（能舞台、居住部分）、佐賀城本丸歴史館、熊本城本丸御殿、名古屋城本丸御殿の四つがある。

熊本城本丸御殿や名古屋城本丸御殿は、一口城主を全国から募り、完成時には観光地として大変な賑わいを見せたから、行った人も多いのではないだろうか。

それにしても、九州では鹿児島から熊本まで、佐賀、本州では山口と京都、彦根、さらに長野・松代。四国は高知にポツンと一つだけ、日本海側にもポツンと金沢。と一つ一つ訪ねては、時間もお金もかかってしまう。

これらを東京から効率よく、と考えると、一筆書きの旅しかない。例えば平成二十七（二〇一五）年十月の旅は、次のような北上型となった。一日目＝まず鹿児島へ飛び仙巌園へ、鹿児島泊。二日目＝九州新幹線を北上して出水《いずみ》武家屋敷へ、熊本泊。三日目＝熊本城本丸御殿へ、熊本連泊。四日目＝新鳥栖《しんとす》から佐賀城本丸歴史館へ。夕刻、やっと本州にわたり新山口泊。五日目＝毛利邸へ、最後の宿泊だけは温泉にして湯田温泉泊。六日目＝三田尻御茶屋を見学後、山口宇部空港から帰宅。

こんな具合に、ともかくもこれら武家（華族）の屋敷を、私は二年ぐらいの強行軍で、まず一通り訪問したのである。

前述の四＋七＋八＋四＝二十三の御殿・邸宅建築のうち、本稿では、四邸を取り上げることとした。まず、水戸藩第十一代（最後）の藩主徳川昭武の邸宅、戸定邸を見に行こう。戸定邸は、徳川昭武が、明治十七（一八八四）年に水戸街道、松戸宿にほど近い小高い丘の上に建てた私邸である。

## 素朴な隠居所

上野からだと、常磐線快速で約二十分でJR松戸駅に着く。その松戸駅を東口に出て、南へ一キロメートルほど歩くと、戸定が丘歴史公園の小高い丘の麓《ふもと》である。元の敷地は七ヘクタールを超えていたが、今、歴史公園となっているのは約二・三ヘクタールで、南東側の土地は千葉大学園芸学部となっている。「戸定」は、中世に起源を持つこの土地の地名だそうだ。

左手に駐車場を見ながら、丘の上へと坂を上がっていくと、その先に茅葺《かやぶき》門が見える。近づくと板扉は杉板に竹を三本ずつデザインとしてあしらってあり、隠居所という佇まいを感じる。　脚も製材せず、皮を剝いだまま使われている。この素朴さが、明治中期の松戸という土地の静けさを伝えてくれるかのようだ。

その門を見てから、さらに右手へとゆるやかなS字カーブの坂を上っていくと、屋敷が建つ平坦地へとたどり着く。その左手には、戸定歴史館がある。昭武のパリ万国博覧会資料や兄慶喜《よしのぶ》との交流など、豊富な写真と文物が展示されている。帰りに是非、寄りたい。

さて、戸定邸を見る。なんとも不思議な玄関である。

武家の家の玄関といえば、この後、取り上げる旧堀田邸のように、唐破風などを付けて、客人を迎える、いわゆる格式の高さを表すものがほとんどだ。しかし、この戸定邸の玄関は、千鳥破風《ちどりはふ》とずいぶんと質素にできている。いずれ迎える兄慶喜も、長く謹慎の身ということを考えると、「これでよい」と当主昭武は承知したのだと思う。そう考えざるを得ないこの玄関は、私には小さなショックであった。

表玄関の左脇に内玄関がある。家人・使用人・客の従者はここを使った。その左手には八畳の二間続きの使者の間がある。桐板の欄間は蝙蝠《こうもり》の透かし彫りである（中国では吉祥文様）。壁は、鼠漆喰《ねずみしっくい》であるが、藍青より明るい青である（帰ってから『色の手帖』（1986年、尚学図書・言語研究所、小学館）で調べると、想思鼠《そうしねず》という色に近いように思った）。東京近郊の伸びやかな家という色調を感じた。

主客は、渡り廊下を通り、座敷へと進む。私が訪れた日は八月六日。二ノ間に入った途端、客間との襖、入側との襖障子、それらすべてが外されて、八月の直射日光を反射して眩しいほどの庭の緑が部屋を包んでいた。西側眼下には江戸川が流れ、川越し遠くに富士山を見ることができるという眺望である。ひんやりとした客間に、朝の風が抜けていく。欄間は葵紋の透かし彫りである。その葵が水に揺れているような動きがあり、涼やかさを感じる。また入側上の照明などにも、葵紋がさりげなくデザインされていた。建てられたのは明治中期であるが、まだ葵紋は徳川家一族しか使えなかったのではないだろうか。

床の間は重厚で、床柱は黒檀《こくたん》だろうか。戸袋と地袋に装飾はないが金地の襖紙が使われている。板戸の杉の一枚板。華美ではないが、水戸徳川家の幕末最後の当主という威厳は、そこここに感じられる。

受付でもらったパンフレットに載っている平面図と照らし合わせながら、座敷棟の北側の三部屋、すなわち西側の書斎、中の間、食堂と戻ってみる。

欄間の葵は、いかにも涼し気

入側の灯にも、そっと葵が

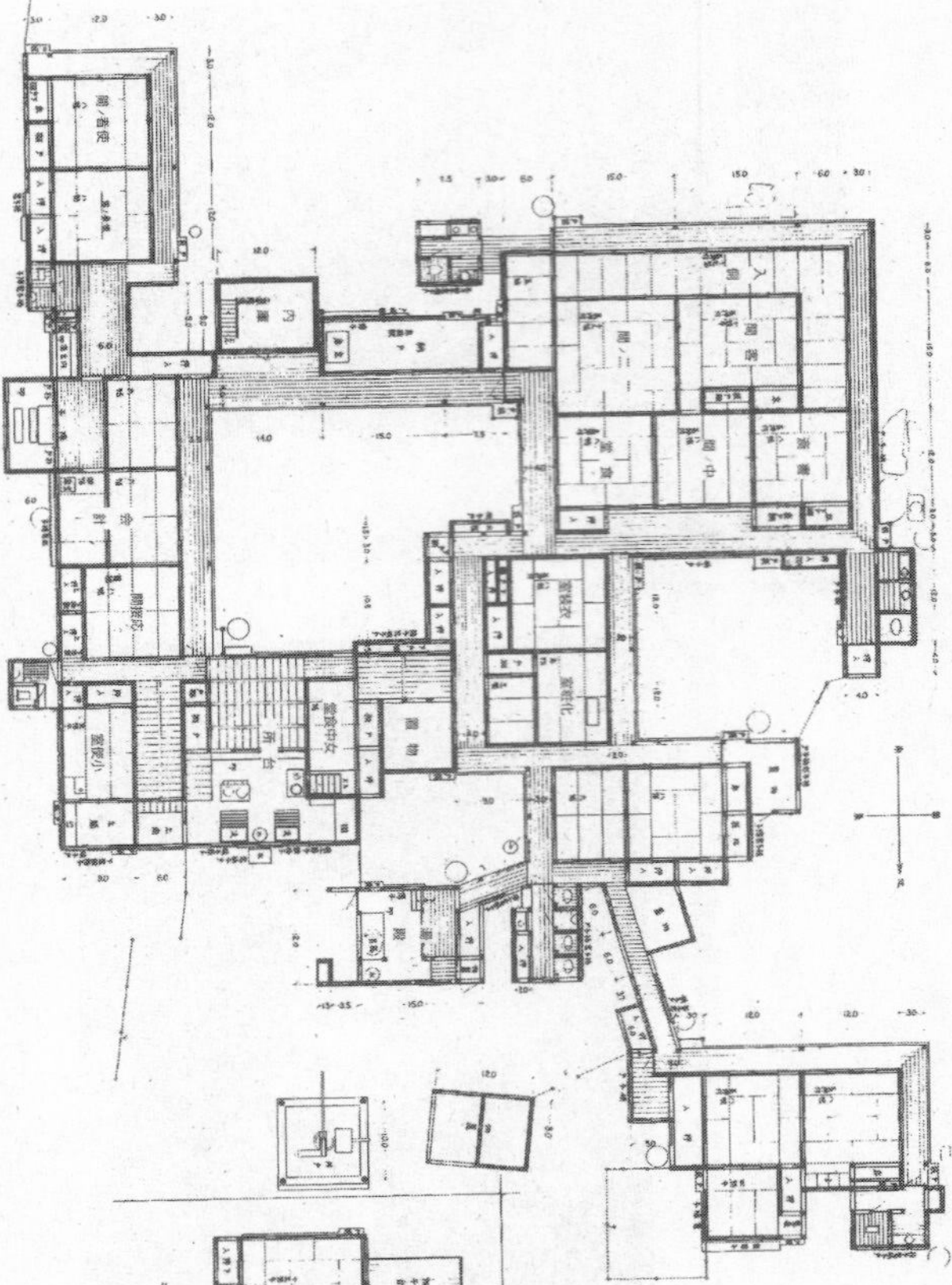

戸定邸平面図（資料提供：松戸市戸定歴史館）

この屋敷で説明するのがわかりやすいと思うのだが、日本の屋敷は、玄関棟、座敷棟、台所棟と、それぞれが別棟として建っていて、渡り廊下で繋がって構成されている。機能で棟を分けていると考えてもらえればいい。このように作ると、例えば、さらに部屋が必要になったとき、隣地を購入したので増築が可能になったときに、ではこの台所棟をもっと北へといったように、棟ごと曳家《ひきや》して、その空いた敷地に別棟を建てるということが容易にできる。この曳家の技術は、現代でも旧首相官邸や弘前城などで行われて、動画が公開されたので、覚えている方もいるだろう。前述した坐漁荘も興津にあるとき、後述する旧田母沢御用邸も小林邸別邸部を、曳家している。

私は〝なるほど〟と、頭の中に『匠明《しょうめい》』「当代廣間の図」を想い浮かべた。私は平成に居て、今、明治期の元武家の邸宅を歩いているわけだが、この造りは、結局、江戸時代を通して大きくは変わっていない、という発見だった。『匠明』とは、慶長十三（一六〇八）年に江戸幕府の大棟梁であった平内《へいのうち》家の秘伝書としてまとめた木割《きわり》書で、第五巻殿屋集に、「当代屋敷ノ図」「当代廣間の図」が掲載されている（『日本の美術No.531　近世の住まいと屋敷構え』）。

それをコンパクトに、かつ付書院《つけ》といった形式も省いた形。それが明治中期の元武家の邸宅に遺っている。あるいは、その流れの最後を留めている遺構と言い換えればよいだろうか。

## 老境の生母と暮らす

座敷棟を出て、続く部屋は、衣装の間（主人夫婦の衣装が置かれた部屋）と化粧の間である。明治二十九（一八九六）年に常磐線田端―土浦間が開通するまで、松戸への主な足は、人力車であった（東京府で人力車の製造・営業許可が下りたのは明治三《一八七〇》年。明治九年には府内で約二万五千台の人力車があった）。来客や外から帰ってきた家人が、衣装を整えた部屋が化粧の間である。

その先に、御居間と呼ばれる二室、さらに渡り廊下でつながる離座敷がある。

昭武は、維新後小石川後楽園から移り住み、水戸徳川家本邸とした小梅邸（旧水戸藩蔵屋敷、現在の隅田公園《墨田区向島一丁目》）で、最初の妻を亡くしている。正月に長女が生まれて、わずか一カ月後のことであった。五月には昭武が隠居願を出している。この年、昭武は三十歳だった。

本勝手に造られた座敷

母睦子の明るい居室

前後して、それまで水戸偕楽園好文亭《かいらくえんこうぶんてい》で暮らしていた生母万里小路睦子《までのこうじちかこ》を小梅邸に招き、そして一緒に戸定邸に移住している。

離座敷は、この生母睦子（秋庭《しゅうてい》）の居室である（完成は明治十九《一八八六》年）。わずか十三歳で将軍慶喜の名代としてヨーロッパ（パリ万博）に派遣され、その後もフィラデルフィア万博、フランス再留学と、「我が子はいったい、どこの空の下で何をしているのか」と、生母の心労は絶えなかったであろう。この離れに座って私は、毎日息子の顔を見て暮らせる、その安堵《あんど》した老境をしみじみと思うのであった。この離座敷の欄間は、蝶を透かし彫りにしている。「私は蝶がいいわ」と息子に伝えたときの、嬉しそうな目が浮かぶようだ。

こうして、屋敷を一巡りしている間にも、目は建築そのものを見ているが、身体は、各部屋の居心地や和室ならではの開放感を肌で捉え、頭は、ここに暮らした人の心情を想う。五感も頭脳もフル回転で過ごせる時間。それが建築と共に過ごす私の至福のひとときである。

受付へ戻ると、こんな電報のコピーが掲示してあった。

「フツカ　ニバン　ニテ　マイル　サシツカエ　ナキヤ　ヘンジマツ
　トクガワ　ケイキ」

徳川慶喜が江戸城を出て上野寛永寺に移り謹慎生活に入ったのは慶応四年、三十二歳の二月だった。四月には水戸へ、七月には駿府《すんぷ》へと移転する。再び東京に移り住んだのは、明治三十（一八九七）年、慶喜は還暦を迎える歳になっていた。もちろん、弓術を嗜《たしな》み、写真術を習得したり自転車に乗ったりと、静岡での生活は、それなりに工夫がされていたと見て取れるが、昭武との交流は特別なものと私には思えるのである。

それが、この電報の文面だ。弟に会うことが楽しみで、楽しくて仕方ない。あれを持っていこう、あの話もしよう、と電報を打つ何日も前から、そわそわし、使用人に指示を出し、果ては自分でやれることは率先し、そうして、前の夜は眠れない。そんな慶喜の姿が浮かんでこないだろうか。

これに先立ち、明治二十二（一八八九）年四月三十日、慶喜は初めて戸定邸を訪問している。

〈慶喜は朝五時四十分の汽車で静岡から品川へと出発した。品川では徳川宗家十六代家達が出迎え、一緒の馬車で昭武のもとへと向かった。慶喜が小梅邸で待っていた昭武のもとに到着したのは午後二時のことであった。昼食の後、慶喜は昭武と人力車で松戸へ向かい、午後五時十五分に戸定邸に到着した。

五月一日からは吉子（齊昭夫人、慶喜母）が、三日からは家達・達孝（田安家当主、家達弟、慶喜娘婿）も戸定邸に宿泊した。このほか、兄弟・親戚が次々と慶喜のもとを訪れた。四日の午前中には厚（慶喜四男）・博（慶喜五男）・鏡子（慶喜長女、達孝夫人）、昭子（昭武長女）が戸定邸に訪れた。この時、写真師の江崎禮二に撮影させた記念写真と戸定邸の写真が残っている。慶喜は九日まで戸定邸に滞在し、塩原へと出発した〉（『プリンス・トクガワ』）

十二年前には西南戦争があり、四年前に伊藤博文は内閣総理大臣になり、鹿鳴館《ろくめいかん》時代が始まっていた。時代はもはや徳川家を必要としていない。それを痛切に感じるからこそ、この一族の集まり、昭武と慶喜の兄弟の絆は、より深まったのではないだろうか。

隅田川に架かる言問橋《ことといばし》の東詰めに小梅邸跡、現隅田公園はある。橋を渡る道は、水戸街道である。これを十二キロメートル北東へひた走ると、戸定邸に到着する。次の旅は、このルートを、自転車で走るというのはどうだろうか。昭武と慶喜が見た風景が、どこかにそっと残っているかもしれない。

**＊戸定邸**（☎047―362―2050）

**所在地**　千葉県松戸市松戸714―1

**行き方**　JR常磐線松戸駅から徒歩約10分。乗用車46台、バス6台分の駐車場有り

**見学方法**　月曜、年末年始を除き9時30分～16時30分。戸定邸入館料（一般）250円、戸定歴史館との共通入館料320円。
※庭園へ降りることができるのは、「戸定の日」と定められた5日、10日、15日、20日、25日、30日（ただし現在は、10日の倍数の日、休館日・雨天の場合は翌日）のため、事前確認すること。

【参考文献】

・『戸定邸解説シート』（１９９９年9月改訂、松戸市戸定歴史館）
・『徳川昭武の屋敷　慶喜の住まい』（２０１１年、松戸市戸定歴史館）
・『プリンス・トクガワ』（２０１２年、松戸市戸定歴史館）
・『日本の美術No.５３１　近世の住まいと屋敷構え』（２０１０年、村田健一、ぎょうせい）

# 真田邸「史跡松代城跡附新御殿跡」（長野市松代町）

## 婦人好みの家――真田邸

### 初めての訪問は旅のついでに

戸定邸の項で、『匠明』のことを書いたが、それを引用した書籍『日本の美術No.531　近世の住まいと屋敷構え』に出会ったことが、この隠れた建築を歩く旅を加速した。罪な本である。東京国立博物館（トーハク）のミュージアムショップでみつけたように記憶している。

『日本の美術』は、「ぎょうせい」という出版社が発行している100ページほどの写真の多い冊子だ。平成二十二（二〇一〇）年で、五三一号であるから、どれだけ長く発刊され続けているか、気の遠くなるようなシリーズである（二〇一一年通巻五四五号で休刊）。監修がもともと、文化庁とトーハク、京博、奈良博だった（後に独立行政法人国立文化財機構と、加えて九博、東京文化財研究所、奈良文化財研究所の監修となっている）ため、トーハクのミュージアムショップに豊富に並んでいるのである。

その裏表紙の見返しには、彫刻、絵画、建造物、工芸、書、考古その他と、ジャンル別の既刊本のタイトルが並び、そこにみつけたのが『日本の美術No.405 城と御殿』であった。これは、ネットショップで買い求めた。

この『城と御殿』をしっかりと読んで、さらにあちこちをぶらぶら歩いて探したのが、先に挙げた四＋七＋八＋四＝二十三の御殿・邸宅建築である。

その中で、あれっと思ったのが、これから訪ねる真田邸である。この本では、所有する長野市がパンフレットなどに使用している「真田邸」をそのまま使用するが、正しい名称は、史跡松代城跡 附《つけたり》 新御殿跡、になる。

それは、『城と御殿』の本文最終ページから六ページ前に、「その他の御殿―女性が使った御殿」として記述されていた。最初に金沢成巽閣、続いて、この真田邸である。

金沢成巽閣には、確か三十代に、茶屋町を歩こうと金沢を訪れた際に、女性が住んだ珍しい御殿と知って、立ち寄った記憶があった。濃い群青色の壁や、極彩色の欄間など、敬服というよりは、ただ仰天した覚えがある。若かったのだ。

大名の夫人のための御殿の例、として成巽閣の次に挙げられていたのが、真田邸（松代城跡附新御殿）であった。そのページに掲載されていた写真は外観で、モノクロのものであったから、申し訳ないが、さして興味は湧かなかった。しかし、二つの偶然が重なって、平成二十七（二〇一五）年の八月、私はこの真田邸を訪れることになる。一つは、たまたま八ヶ岳（小海線）へ行く機会があり一泊するので、「帰りに小諸へ出れば松代は近い」と鉄子でもある私がひらめいたこと。もう一つは、翌年の大河ドラマが『真田丸』という報道がされていて、「来年は、観光客が押し寄せて、大変なことになる」と、焦った結果であった。

つまり、あまり期待のない、失礼だが、ついでの旅のはずだった。

腰が重かった、もう一つの理由は、長野駅からバスというルートしか、私の頭にはなかったためである。松代大本営建設の資材大輸送にも使われたという屋代線は、平成二十四（二〇一二）年に廃止されている。小海線で小諸から、という旅だったため、松代町へ入るときは、長野駅からのバスを使った。しかし探してみると、上信越道の長野インターチェンジが目と鼻の先で、そこのバス停から新宿へと帰ればよい。これを知った私は、この真田邸を、一度ならず三度、今日までに訪れることになる。

## すべての建屋が残された奇跡

長野駅からのバスは、松代駅という駅舎だけが残っているバス停に着く。駅前には、もう何もない。駅舎には「松代藩真田十万石まつり」のポスターが貼られていた。タクシー乗り場には、一台停まっていた。松代城址も真田邸も大本営跡も、と周遊するにはタクシーが便利かもしれない。

真田邸は、駅から南に徒歩で七〜八分という場所にある。真田宝物館の脇の道を歩き真田公園に入れば、整然と敷き詰められた石畳の先に、真田邸の冠木門《かぶきもん》が、来る人を待っているかのようだ。公園を含め、周囲は電線が地中化されているので、江戸時代という気分が否が応でも盛り上がる。

受付で入館料を支払い、パンフレットを受け取る。そこには、平成十六年度から二十二年度にかけて保存整備工事を行ったと記されていた。修復して十年くらいの建築は、工事完成時のピカピカが少し薄れて、ほどよくきれい、と目に映る。良いタイミングに恵まれたことに、運がよいのか相性がよいのかと、浮足立つ。

真田邸は、褒めどころは数々あるのだが、一点だけ挙げよと言われたら、役所棟、台所棟から、役人詰所、一番から七番土蔵まで、すべての建屋が残されていることだろう。奇跡という他ない。主屋と庭は残っても、土蔵は中の宝物が売却されて空になると売りに出される（戦前まで、土蔵はよく売買されていた。今でも地方にある土蔵を壊して、都会に運んで再利用するケースがある）、朽ちてくると壊してしまうという例が多い。真田家の場合、いわゆる大名道具が約五万点残っていて、その一部を真田宝物館で拝見するのも、私の松代通いのもう一つの理由である。

その庭と公開されている一部の土蔵を見るのは後にして、ともかくも、主屋＝御殿に入ってみよう。入母屋破風を持つ、江戸末期ではあるが、堂々とした玄関である。式台付玄関と説明されているが、この式台が、他に類を見ないほど広い。この指摘をしてくれたのは、次に旅する堀田邸のボランティアガイドの方であるが、私は、この御殿が造られた目的と時期とが、この広い式台を必要としたのではないかと考えた。

ここで、先に引用した「大名の夫人のための御殿の例」とは何か、について触れておく。成巽閣と真田邸、加賀百万石と真田十万石と、石高も地域も違う二つの御殿は、実は同じ文久三（一八六三）年に建てられている。

なぜ、大名の夫人のために（国元に）御殿を造ったのか。参勤交代の制度では、正室と世継ぎは江戸藩邸に常住するという決まりがあった。嘉永六（一八五三）年のペリー来航以来、幕府は沿岸警備と軍備の増強の必要から、文久の改革と呼ばれる規制緩和を行った。これにより、参勤交代の頻度は三年に一度となり、正室と嫡子の帰国が認められたのである。

成巽閣と真田邸は、つまり二百余年、お国入りをしなかった正室を迎えるために、当主が建てた夫人のための御殿なのである（実際は、夫人＝真晴院は花の丸御殿に入り、この真田邸は、義母貞松院のための御殿である）。姫駕籠《かご》、あるいは女乗物というのは、黒漆塗り金蒔絵が施されている、それだけで五十キログラムを超える代物である。当然、男四人で担ぐもので、それを下ろすことを考えると、この真田邸の式台の広さは合点する。

式台から表玄関へと入ると左手に御使者の間、その奥が役人の間である。当初の建屋には、その先の役所棟はなく、当主が住むようになってから建て増しされたらしい。

順路には、平面図や、「表」と「奥」といった解説が大きいパネルで展示されているので、予備知識が乏しくても、それらを読んで、御殿という建築について本物を確認しながら歩むことができる。

その順路に従い、玄関棟から座敷棟へと歩を進める。左手にある三の間では、NHK大河ドラマ『真田丸』以降、真田家の歴史といったビデオが常時放映されるようになった。

そのビデオを見た後、表座敷北御入側《おいりがわ》を西へと歩く。表座敷が終わり、御寝所北に入るところには杉戸があって、上部は竹節欄間が飾られている。この杉戸＋竹の節欄間という結界は、南側の御入側にも二カ所あって、公私の別をはっきりとさせている。私の記憶にある、幾つかの邸宅で見た竹節欄間は、漆塗りを施して黒色のものだが、ここ真田邸のものは白木のままで、それだけ明るく、目に優しく映る。

## 夫人のプライベート空間へ

この杉戸（結界）をくぐると、御寝所を覗くことになるが、私はこの部屋が二番目に好きだ。左手の物入れの襖絵は、松に白藤。右手は上下二段の布団を入れる押し入

軒の反りも立派な玄関

御寝所の襖絵

御化粧の間

れになっていて、その襖絵は、上段が柳に白鷺、下段が茅葺の茶屋を訪ねる貴人の図、で正しいだろうか。義母貞松院の心の奥に仕舞ってある思い出の風景のようにも見えて、その寝顔の安らかさを想像してしまうのだ。展示パネルによれば、この部屋だけ、床が二重になっていて、寒さを防ぐ工夫がされている。

御寝所北の御入側を突き当たると、右手には御神仏の間がある。この御殿が松代町に譲渡されたのは、昭和四十一（一九六六）年とある。昭和の大恐慌や終戦をくぐりぬけ、約百年間、当主である真田家に守られたこの家は、非の打ち所がないと断言できるほど、傷跡がなく美しい。もちろん、町に譲渡される前に、神仏はきちんと魂抜きがされ、菩提寺・神社へ納められただろうから、今は空っぽの部屋である。けれども、そういう部屋だということを踏まえて、一礼をする。昔の家には、主を失くしても、家神様が付いているように、私には思えるのである。

そして、この御殿の一番西、夫人のプライベート空間に立ち入る。南向きの御化粧の間。ここは、戸定邸とは違って、貞松院の私的な部屋と説明されている。

真田邸には、大きく四種類の唐紙が使われていることが、展示パネルにも書かれているが、この御化粧の間では、「松之形金粉入柄」という唐紙が、襖と壁面、すべてに用いられている。そして天井には、白地に藍色で花鳥文という唐紙が貼られている。こんな部屋は、私はこれまで見たことがなかった。武家の住宅に限らず、これまで私が見てきた座敷の天井は、竿縁《さおぶち》天井と決まっていた。

天井と壁が、土壁であったり、煤《すす》けた木肌ではなく、白地の唐紙をふんだんに使っているため、この部屋は六畳間でありながら、とても広く感じられる。棚（床脇）も、床の間に対して折れていて、その天袋には舞う鳥（鳫《がん》）が、地袋には川に薄《すすき》が、長閑《のどか》な時をこの部屋に与えている。後に私は、『真田家の姫たち』という企画展の図録を買い求めるのだが、貞松院の項には、その机、文箱、香道具、十二手箱（鏡や櫛《くし》、数種類の刷毛《はけ》などの化粧道具を納めた箱）と、その道具類などが掲載されていた。溜息が出るほどに美しい、それらの道具がこの部屋に、と想像して置いてみると、部屋という背景を得て、それらの道具は一層、際立って見える気がした。私が、この御殿で一番大好きな部屋である。

御化粧の間のさらに奥には、西雪隠《せっちん》（便所）と御湯殿も復元してある。その念の入れように、私はただただ敬服した（東京に帰ってから、都立中央図書館で閲覧した整備事業報告書には、整備委員会のメンバーとして大河直躬《おおかわなおみ》、西和夫、小和田哲男、五味盛重の名前が並んでいた。当代一の先生方が精魂込めて関わった、それほどこの御殿は魅力的なのだ、と改めて感服した)。

## 襖絵は酒井雪谷の筆

御化粧の間御次の間から御居間御次の間へと進んで、いよいよ御居間に入る。本来、御殿の最上の部屋は表座敷であるが、この真田邸に限っては、この御居間が、誰もが目と足を止める部屋となる。襖絵は酒井雪谷の筆とされる。床脇の天袋と地袋。御次の間と分ける襖、東側押し入れの襖と、庭を見る方向以外の三方に、心休まる作品が配されている。つまり、どこに座っていても、絵に囲まれていることになるが、それは遠い景色であり、近くの木々であり、この風景の中に私は佇んでいるかのようだ。広い部屋ではないが、決して圧迫感はない。松代の冬は長い。最近では雪が積もるようなことはなくなったと聞いたが、江戸時代はどうだったのだろうか。そして、江戸暮らしだった人にとって、ここはとても寂しい土地である。だからこそ、しばし今を忘れるような、この部屋を設けたのではないだろうか。

御居間東御入側から、再び杉戸をくぐって、表座敷南御入側へと歩を進める。

表座敷とその御次の間は、実に清らかな心地を、訪れる者にもたらしてくれる。座敷の中には入れないが、入側に座り、ゆっくりと庭を眺めることができる。遠くの山、手入れされた松、そして目の前の芝生と、緑という色が、光を受けて煌《きら》めき、また翳《かげ》るとその濃さを増す。十分、二十分と、いくら見ていても飽きることがない。気が付けば、陽が少し高くなってきていた。

腰を上げたら、もう一回り、今度は杉戸の絵を拝見しながら、邸内を巡るとしよう。残念ながら、おくつろぎの間と呼称がついている二階には上がれないが（何年か前には、十一月に特別公開をしていたが、最近はその公開がない）。

のんびりと過ごす私を、何組かの観光客が通り越していった。「広いわね、掃除が大変ね」「芝生の庭？　最近、造り変えたんじゃないのか」などと、思うことをつぶやいていく。（掃除は、女中がしてましたし、この庭は、最初からこういう景色だったんですよ）と、つい余計なことを言ってしまいそうになるのを、私は堪《こら》えていた。

当主真田幸教の義母、貞松院のために建てられたこの家は、参勤交代が旧制度に戻されたことにより、わずか数カ月の用を成して、その主を失う。慶応二（一八六六）年からは、家督を養子幸民《ゆきもと》に譲って、当主幸教が移り住んだが、明治二（一八六九）年十月、三十五歳の若さでこの家で亡くなる。つまり、この御殿は、義母のために建てた屋敷であるが、隠居した自身が最期を迎える家となったのである。

明治が大正、昭和となっても、真田家は、この新御殿を手離さなかった。また、七つの蔵にある大名道具も無事であった。これは、大名～華族の歴史としては、本当に珍しい例である。華族は東京に住むが、故郷松代を大切にした。それゆえ、冒頭に記した「松代藩真田十万石まつり」は、今も現当主（真田幸俊氏、慶應義塾大学理工学部電子工学科教授）が甲冑を着けて騎乗するのである。こんな旧藩主はなかなかいない。

真田家の菩提寺は、この真田邸から東へ一キロメートルほどの長国寺という曹洞宗の古刹である。そこには、歴代藩主の墓が並ぶが、その中でも初代松代藩主真田信之《のぶゆき》公の霊廟は国指定重要文化財に指定されていて、その破風の鶴は左甚五郎《ひだりじんごろう》作、格天《ごう》井の絵は狩野探幽《かのうたんゆう》筆と伝えられている。

＊真田邸（☎026—215—6702）

所在地　長野県長野市松代町松代1

行き方　JR長野駅からバス（古戦場経由松代高校行）約30分で松代駅、または池袋・新宿（東京）から長野方面の高速バスで長野インター前下車、路線バスで松代駅へ。

見学方法　原則年末年始休館、9～17時（11月～3月は～16時30分）。真田邸400円（一般）、真田宝物館との共通券800円。

【参考文献】

・『日本の美術No.405　城と御殿』（2000年、大和智、至文堂）

・『松代新御殿（真田邸）』（2010年、長野市教育委員会文化財課松代文化施設等管理事務所編）

・『史跡松代城跡附新御殿跡整備事業報告書　総論・調査編』（2013年、長野市）

# 旧堀田邸（千葉県佐倉市）

## 佐倉の宝石箱——旧堀田邸

### 老人ホームと病院の先

「この日、と決めて（喜び勇んで）佐倉に行く」という人がいたとしよう。その目的は、歴博（国立歴史民俗博物館）の変化朝顔か、旧堀田邸の特別公開か、のどちらかかもしれない。私の友人は前者、私は後者である。どちらも、自分の好むところだけで大満足して直帰するから、他方のことは知らない。よって、同じ町を訪ねながら、会っても話はまったく嚙《か》み合わないのだ。

旧堀田邸は九時半開館だから、東京駅を八時過ぎには出発する総武本線に乗る。変化朝顔は、もっと大変だ。何せ朝顔であるから、八月のシーズン期には、開館が八時半だそうだ。東京駅に住んでいる人はたぶんいないから、自宅を七時、否もっと早くに出なくては、着いたらしぼんでいた、と笑えない話になってしまう。

ぶらぶら歩きはヒマに任せて、しかも小銭入れで足りてしまう程度の入場料の所が多いからお手軽だ。この旧堀田邸も、月曜日と年末年始以外は門戸を開放しているから、いつ行ってもいい。けれども、ここは、できれば年六回ほど予定されている特別公開日に行くことをお勧めする。特別公開日には、ふだん立ち入れない書斎棟、居間棟二階、門番所が公開される。

初めて旧堀田邸を訪れたのは、平成二十七（二〇一五）年八月。その時から特別公開日を狙ってはいたが、行くことができたのは、令和元（二〇一九）年の九月だった。

旧堀田邸は、最後の佐倉藩主堀田正倫《まさとも》が、佐倉市の南部を東西に流れる高崎川を眼下に眺める丘の上に、当初は約二万坪（約六・六ヘクタール）の敷地を購入して建てた別邸である。明治二十三（一八九〇）年に完成した。

建築は東京の大工棟梁西村市右衛門が手がけ、その材料は、仮設養生材と壁土・屋根土を除きほぼすべてを東京で調達し加工して、それらを運んだ。また、庭園は、東京・巣鴨の庭師伊藤彦左衛門の手になるもので、明治様式とも呼ばれる。すなわち、全体に芝を植え、松、さるすべり、景石、灯籠などを配して、自然の地形を活かした風景式庭園となっている。文化財として登録されている名称は、「旧堀田家住宅」である。

佐倉市には、ＪＲと京成と二つの駅があるが、駅間は南北に二キロメートル以上離れていて、旧堀田邸には、ＪＲの駅が近い。駅からは徒歩でも二十分くらいだが、レンタサイクルも利用できる。ただし、目指す旧堀田邸は丘というよりは小山の頂上で、最後の坂は山登りに近いので、行きは上り坂を自転車を押して登ることになる（帰りは反対に楽であるが）。

駅の北口からは、木々に覆われた目的地を遥かに眺めることができるが、手前の国道二九六号線側からは登る道がなく、小山の北側の道から中へと入る道がある。

その入り口まで来ると、そこは有料老人ホーム「佐倉ゆうゆうの里」の入り口で、明治期の屋敷など、どこにも見えない。そして、私有地であろうから、入ってよいものか迷うのであるが、守衛さんらしき人も見当たらない。この老人ホームの敷地も含めて、当初は堀田家の土地であった。

左右に五階建ての老人ホーム、その先右手には、佐倉厚生園病院があり、どちらかに用事のある自家用車が出入りするという道である。歩道を歩こう。これから出会う屋敷を想って、うわの空になっている場合ではない。この不思議な道を南へと二百メートルほど進むと、やっと旧堀田邸の冠木門に到着する。

この冠木門には、きっと少し違和感を覚えるはずだ。付帯する門番所と釣り合いがとれていないのだ。後から聞くと、昭和四十三（一九六八）年に、当時の所有者（日産厚生園）によって建て替えが行われたが、創建当時の門とは違う形になったようだ。門番所は、創建当時のままで、玄関棟、居間棟、座敷棟、書斎棟、湯殿棟、門番所、土蔵の七棟及び附・棟札一枚が国の重要文化財に指定されている（門番所は特別公開時のみ、中に入って見学が可能）。現在の冠木門は、平成の大修理のときに、堀田家の普請文書や写真などから復元したものとなる。

真田邸が、真田家から松代町への譲渡のみで、転用などがされなかった無傷の状態だったのに対して、この旧堀田邸は、昭和十六（一九四一）年、まず幼稚園に改造され、堀田家の親族酒井家が経営していたという記録が残る。次いで昭和十七（一九四二）年、戦時下に結核診療所として、日産厚生園に貸与されたという歴史を持つ。その後も病院の一部として使われ続け、昭和二十六（一九五一）年に正倫の養子正恒《まさつね》と正倫夫人伴子が逝去すると、財団法人日産厚生園が堀田邸を購入した。ここで、この屋敷には、「旧」という冠が付くことになる。

昭和三十年代からは結核患者も減少したため、一般病院となっていくが、その過程で、旧堀田邸の台所棟と、その周辺の石庫などの建物は解体され、その土地に病棟などが新築された。昭和の末期から平成の初めにかけて、病院の増床計画と庭園保存の問題は、新聞やＮＨＫのニュースでも取り上げられるようになり、ついに千葉県が動くことになる。このような経緯があって、病院部分を除く旧堀田邸の敷地は、千葉県の補助で佐倉市が厚生園から購入取得という結果になったのである。

老人ホームの入り口から入って、病院が見えて、突然、本邸にたどり着く、という複雑な道順は、これで納得いただけただろう。

## 明治を物語る起破風

それでは、玄関から、この屋敷をたっぷりと見ていこう。

まず、目に入るのは、大きな弓なりの屋根である。切妻起破風《きりづまむくりはふ》と呼ぶ形式で、起とは、屋根面が凸になっている状態を指す。好き嫌いもあるが、真田邸のような反《そ》りに対して、起は、女性的であると形象されることが多い。

真田邸が造営されたのは幕末ではあるが、まだ江戸城の周囲には江戸藩邸が立ち並び、それらは武家としての威光を示していたから、反りのある玄関もまた多かっただろう。それからわずか三十年と経たないが、明治維新後、手始めに明治政府は、幕府の拝領屋敷をすべて（大名が）打ち壊した後、接収という荒技を行った。なんとももったいないことをしたものである。

下って、旧堀田邸は、鹿鳴館が建った（明治十六〈一八八三〉年）後の建物である。御殿（武家の住まい）は、表と奥という機能で成り立っていたが、その奥に居た、「奥様」が、鹿鳴館では社交の華となった。つまり、前面（表）に出てきたのである。後述するが、この旧堀田邸も、あるご婦人を迎えることが想定されて建てられた屋敷である。

この起の屋根が、明治二十三（一八九〇）年という時代を率直に物語っている、と私は思った。その鬼瓦には、堀田木瓜《もっこう》と呼ぶ、木瓜紋の一種が付いている。式台は、狭くはないが、真田邸の半分くらいだろうか。もはや、駕籠の時代ではないことを、

柔らかな手の甲のような起屋根

特別公開時限定の見晴らし

この広さが物語っている。

見学者は通常、表玄関ではなく、右隣にある中の口と呼んでいる内玄関から入り、入館料を支払う。ここは、かつて堀田家の家族が使用していた玄関である。使用人、また出入りの商人などは玄関棟西端の出入り口を使った。

ここ旧堀田邸は、ボランティアガイドの方々が充実している。何人か集まったら(集まらなくても)、ガイドの方の話を聞きながら館内を回ることができる。特に特別公開の日は、人を増やして対応しているようだ。なので、初めて訪れたときはまずガイドの方と回り、その後、自分が気になった(気に入った)部屋を丹念に見るという、ゆっくりとした見学ができる。

中の口から入ったら、まず玄関、そして応接の間へと足を運ぼう。式台に上がった客人は、玄関、応接の間へと進み、ここで衣装などを整える機能があることがわかる。床の間付きの応接の間は、簡素だが堅牢という気配がする。この応接の間の東隣には、客用の雪隠がある。受付でもらったパンフレットを見ると、この旧堀田邸には、六カ所の雪隠があることがわかる。壊してしまった台所棟にも図面上では二カ所あるので、計八カ所も雪隠があったことがわかる。それだけ来客の多い、広い家と考えてよいだろう。

応接の間は、座敷棟より東側に出ていて、楓《かえで》などの樹木が目を和ませる。壁土の色は、黄大津《きおおつ》。

訪れた客人は、これから座敷棟へ向かうわけだが、その前に、応接の間前の縁側には、「↑湯殿」という案内板が立っている。先にそれを見にいく。この湯殿は、完成当初から在ったものではなく、明治四十三（一九一〇）年に増築されたものと展示パネルには説明がある。広さといい、身分の高い人を迎えたことが窺《うかが》われる。ここの壁土は桃山という種類で、字の如く桃色で、温かさを感じる色調である、

では、座敷棟へと移ろう。縁側から畳廊下を歩いていくと、右手の家従詰所には、当主堀田正倫の経歴が示され、堀田邸銅版画、農事試験場の模型などから、この家の経緯を知ることができる。

渡り廊下を通って座敷棟へと入る。その結界には、杉戸とその上には漆塗りの竹節欄間が載る。ただし、杉戸に絵はない。十畳の次の間から十二畳半の客座敷を望む。

この屋敷で一番広い部屋である。部屋を仕切るのは襖障子と菱格子欄間で、釘隠しは桐である。襖の柄は、吉祥模様の金箔押しの「松喰い鶴文様」で少し豪華だ。壁土の色は大阪土、玄関棟よりも黄色味が控えられていて、明るさが増す。壁土の色には、そういう効果もあるが、この座敷棟の縁側にはガラス戸が入っている。明治二十三（一八九〇）年の竣工時には、輸入の板ガラスしかなく、非常に高価であったので、ここは、国産の板ガラスが普及した大正期から昭和にかけての時代に改築されたと考えるのが妥当だと思う。軒桁《のきげた》は、七間の東京・青梅《おうめ》産の四谷丸太だそうだ。これだけの長尺物を東京から運んだのだから、その現場の活気が伝わってくるようだ。

座敷の西側には、小さな祠堂《しどう》が付いていて、上の間、次の間と続いている。堀田家は男の子に恵まれず、養子を多く迎えている。こうした家では、信心が深く、その形と考えることができる。

## 可憐な細工のくつろぎの間

座敷棟から戻り、続いて居間棟へと向かう。

居間棟に入ってすぐ、右手には二階へと延びる表階段があるが、ここは最後のお楽しみ。

次の間と居間は共に八畳で、左手先に座敷棟、右手先に書斎棟があるので、少し奥まった感じがして、安堵感がある。小山の上なので見晴らしはよいが、ここは丘の上のポンと一軒家、なのである。台風が来たら、風速何十メートルという風と雨を、まともに受ける。そのことを見越しての設計であろう。

居間の床柱は、鉄刀木《たがやさん》。紫檀《したん》、黒檀、鉄刀木といって、唐木三大銘木に数えられている。棚の天袋と地袋の絵は、跡見花蹊《あとみかけい》（後の跡見学園の創設者）によるもの。地袋が大きいのが実用的に見えた。釘隠しは橘。欄間は、杉材に互い違いに麻の葉模様の障子紙を貼り、春蘭の透かし彫りが可憐である。ここまで、応接の間、客座敷と見てきた目には、どこも細やかにできていて、ずいぶんと華やかな気分になれる部屋である。先ほどまでの空間が、男子の領域。あるいは、儀式の場所であれば、ここは、家族がくつろぐ、日常の場所である。

居間の北側は役女詰所と呼ばれていて御用を待つ部屋。その隣は台笥《だいし》と書いて、食事の準備をする部屋である。また、台笥の脇には女中用の階段が付けられている。居間と役女詰所の間の二間は、居間から見て左一間が襖障子、右一間は、下のほうだけ障子の引き戸になっている。こうした造りは、あまり他所では見ない。生活の知恵だろうか。居間と役女詰所との間で、箱膳や、お盆に載せた品などをやり取りするとき、この障子引き戸を開ければ、双方で出して・受け取れる。いちいち襖障子を開ける必要がない。ちょうど、聴竹居で調理室と食事室の間に、トレイに載せた食事を出し入れする引き戸があるのと同様の仕組みである。

そして、西北の奥にあるのが、寝の間と呼ぶ寝所である。ここの釘隠しは楓。押し入れの襖には、インド更紗《さらさ》が使われている。

パンフレットに掲載されている間取りは、ここまでなのだが、家従詰所にあった当初竣工平面図によると、台笥の北側に台所棟があって、居間棟近くに厨房機能が、その隣に脱衣場とお風呂がある。お風呂の反対側には御化粧間。その奥（一番北側）に、女中部屋が八畳で二間設けられていた。この八畳二間というのは、ずいぶんと広い。例えば戸定邸は十二畳一間であり、明治三十三（一九〇〇）年の戸定邸職員の集合写真には、女中と見られる女性たちは、十一名が写っている。これらより、旧堀田邸でも、常駐の女中が相当数と、本邸から子女が来たときにはそのお付きの女中が、ここに泊まったのではと推察される。

## 特別公開の二棟へ

さて、特別公開の書斎棟に、いよいよ進もう。

その日に当たらないと、居間を出て、渡り廊下の網代《あじろ》天井を見て、ただ帰る、という残念な結果になる。

この渡り廊下からして、玄関棟・座敷棟とは、まったく違う家に来たような、そんな軽さが感じられる。湯殿への渡り廊下は、左右の壁によって防備されていたが、この渡り廊下は、南東側は壁ではなく、雨戸で仕切るようになっている。つまり、雨戸を開放すれば、吹き抜けの空間となり、庭を見ながら渡れるのだ。また、その反対側もべたーっとした壁ではなく、窓を設けてあり、南風の雨が吹き込む日でも、この窓は雨戸を開けて、障子越しの光を取ることができるようになっている。渡り廊下の先は、水屋があって、ここがお茶室として建てられたことがわかる。水屋と次の間の間には、下部にだけ引き戸があって、お道具の出し入れができるようになっている。こうした工夫は、誰の案によるものだろうか。

次の間に入ると、東南の方向には、角柱が一本あるだけで、この屋敷で最も眺望のよい部屋になっている。それでいて、南面の西半分は、平書院のように上下は壁になっていて、その変化がおもしろい。障子といえば、この次の間の北側には、躙口のように、下部が襖障子になっている。そこからも明かりが取れているので、四方に向けて開放的な部屋となっている。その襖障子上にある天袋のような物入には、四つの鳥の絵が、その戸に付けられていて、一つ一つに見入ると、上の間に行くことを忘れそうだ。

次の間から上の間へと入ると、六畳の向きが九十度回転していることに気づく。つまり、次の間六畳は南に向いてよこ長で、上の間はたて長なのだ。これにより、上の間に入ったときに、視界は広がり、より大きい部屋のような気がする。

この上の間は、なんという部屋と説明すればよいのだろう。美しいもの、楽しいデザイン、そうした誰かの趣味を、いろいろ集めてみました、と形容すればよいだろうか。

まず、床柱は紫檀で踏込床（畳と同じ高さで段差がない）と、真・行・草でいうところのまさしく「草」の造りである。最初に見た応接の間や客座敷は「真」の見本のようであったが、正反対なのである。床脇も、天袋には二枚の引き戸それぞれに四枚の花鳥の絵。棚にもリズムがあって、地袋は床脇の幅の半分だけで、しかもやや大きい。予め、ここに保管する物が決まっていて、その寸法に合わせたと感じるのは、想像が過ぎるだろうか。

床脇の踏込床の右側には、深い彫りの葡萄《ぶどう》柄の扉のついた地袋が、強い存在感を放っている。また、北側の襖障子は、横繁障子《よこしげしょうじ》（横向きの桟が多い障子）ではなく、正方形の桟を持った目にも新しい障子なのだ（次の間に戻ると、そこにも見いだせた）。

そして、上を見上げれば、この部屋の天井には更紗の生地が貼られている。旧堀田邸のどの部屋も竿縁天井だったから、それを当たり前と見てきた人は仰天する（文字通り、だ）だろう。振り返って、襖紙も紙ではなく布地で、しかもその引手は七宝焼きでそのすべてが違う絵柄である。一つ一つ確かめながら、その小さな手仕事に、つい歓びの声をあげてしまいそうになる。

上の間の南面には、畳六畳に足すこと一畳半が付いていて、その上にだけ、西陣の織物が貼られている。なぜかその東面には火頭窓《かとうまど》が。仏壇でも置いてあったのかと誰もが言うらしいが、飾り棚らしい。その火頭窓の反対側、西側には障子の貼っていな

書斎棟から居間棟を見る渡り廊下

書斎棟　七宝焼きの引手

居間棟　番いの鹿を施した引手

い下地窓、とでも言ったらいいのだろうか。角を丸く開けた窓に、上下左右から二本の竹を配して、それらがぶつかるところで組子にしている。なんとも幾何学的な、不思議なデザインである。この窓越しに（素通しで）その先の木々を切り取った風景のように見るのである。

書斎棟と名付けられているが、どうにも私には堀田正倫という人の人生と、この部屋とが結びつかなかった。それについては、もう少し後で考察することにする。

ともかくも、ここはかなり特別な部屋である。この書斎棟を後にして、特別公開の、もう一つの華である居間棟の二階へと向かおう。

二階は、南側に十畳の上の間、六畳の次の間、上の間の北側に八畳の次の間、その隣に六畳の次の間と田の字に部屋が組まれている。上の間の天袋と地袋の絵も、跡見花蹊によるものだそうだ。

晴れた日は、襖障子が開かれている。ご当主とご家族が、この別邸から眺めた風景を、今、私も清々《すがすが》しく拝見させていただく。赤松を配した庭が、目を休ませてくれる。ここは正座でも胡坐《あぐら》でも、とにかく腰を下ろして、時間を気にせずに過ごしたい。冬の見通しのよい日には、ここから富士山が見られるそうだ。真田邸の二階は「おくつろぎの間」という名がついていたが、ここもまた、家族そして来客者が、世俗を忘れてくつろぐ部屋であったと、その光景を空想する。

さて、(もう十分)と腰を上げたところで、お腹が鳴った。一階に降りて、玄関棟へと向かい、受付で長居の失礼を詫びて、外に出た。

その後、私は庭園に出て、風を感じながらこの庭を散策したのだが、頭の中は、(書斎棟というけれど、あんな装飾の賑やかな部屋で、書き物などするだろうか)(そもそも、家令、家従、家丁と事務方はたくさんいたのだから、主人自らというのはないない)などと、書斎の二部屋の不思議に取り憑かれてしまった。

## 九歳で家督を継いだ堀田正倫

帰宅してから、その謎を解明すべく、東京都立中央図書館へ行って、『旧堀田邸保存整備工事報告書』と『日本の肖像 第2巻 旧皇族・華族秘蔵アルバム 弘前・津軽家 佐倉・堀田家 水戸・徳川家分家』を紐解いてみた。

戸定邸の当主、徳川昭武がパリ万博へ行ったのは十三歳のとき、と残されている写真のあどけなさに驚くが、堀田正倫は、数え九歳で家督を譲られて藩主となり、帝鑑の間詰めとなっている。老中職に就いていた父、正睦《まさよし》が幕閣内で井伊直弼《いいなおすけ》との政争に敗れ失脚したためであった。十歳にも満たない当主は、どのように幕末を生きたのだろうか。結局、情勢が摑めぬまま、正倫は京都で謹慎という身になり、つまり、散々な目にあっているのである。茶を点《た》てる、花鳥風月を愛《め》でるという風雅は、彼の年表・交遊には出てこない。

前後するが、正倫の履歴は次のようになる。

文久三（一八六三）年、堀田家の江戸屋敷に、松江藩松平斉貴《なりたけ》の次女、吉子《きちこ》（嘉永七年三月二十五日生）が入る。

慶應三（一八六七）年、正倫十七歳、吉子十四歳で正式に結婚。明治維新前には、堀田家は、麻布新笄町一四、約五万坪の江戸屋敷に住む。

明治四（一八七一）年、廃藩置県施行。下総《しもうさ》国佐倉藩第六代藩主堀田正倫は佐倉藩知事を免職後、東京・深川佐賀町の屋敷で華族として暮らす。

明治十五（一八八二）年、正室堀田吉子二十九歳で歿（一女を生む）。

明治十六（一八八三）年、後妻伴子《ともこ》（万里小路家第二十六代通房《みちふさ》の娘で京都に生まれる。妹・李子《ももこ》と共に、東京・駿河台の姉小路邸内にあった跡見花蹊塾で絵・書・華道を極め、李子は花蹊の養女となって跡見女学校二代目校長となった。昭和二十六年死去）を娶《めと》る。

明治十七（一八八四）年、華族令施行。伯爵に叙される。

明治二十（一八八七）年、華族の地方居住が認められる。用地二万坪を新たに購入して佐倉別邸を計画する。

明治二十三（一八九〇）年、佐倉別邸に戻り、家族と共に居した。佐倉では、農事試験場設立や（旧制）佐倉中学校の維持発展に寄与するなど地域の発展に尽力した。

明治二十八（一八九五）年、総武本線市川〜佐倉間開通。


つまり、佐倉別邸を計画する、それを推し進めたのは正倫であるが、後妻の伴子の希望も大いにあったのではないか、と私は考えた。明治十六年のところに記したが、伴子は妹李子と共に、跡見花蹊塾で絵・書・華道を習得している。この縁があったから、居間床の間の袋戸などの絵を依頼できたのである。

また、旧堀田邸より六年早く戸定邸に移り住んだ昭武の生母徳川秋庭（睦子）は、万里小路建房の六女であるので、伴子からは曽祖父の妹という間柄になる。秋庭を佐倉別邸に招いたという記録はないが、年齢も身分も遥かに上の血族へ、同じ千葉県に移ってきたからにはご機嫌伺いの書状などを出すのは、当然のことと考えられる。もしかしたら、こうした影響もあったのかもしれない。

あの部屋の、七宝焼きの引手、天井に貼られた西陣織やインド更紗の布。それは、伴子の好み、あるいは実家万里小路家に出入りする職家と関係があるのではと、私は推察した。『旧堀田邸保存整備工事報告書』には、そこまでの記載はないが、「詳細図のうち書斎棟の床・棚などの調度に関与するものが多い」との記述からも、その念の入れようが窺える。

さらに驚くべきことは、この伴子の父、万里小路通房は、明治二年に西園寺公望、姉小路公義と欧州に留学しているのである。

坐漁荘、戸定邸、旧堀田邸は、実は万里小路つながり、という不思議な縁を持っていたのである。奇縁という他ない。

＊旧堀田邸（☎043―483―2390）

**所在地** 千葉県佐倉市鏑木町274

**行き方** JR佐倉駅から徒歩20分（JR佐倉駅前観光情報センターでレンタサイクルの貸し出し有り）、京成佐倉駅から徒歩20分、または酒々井・成田方面行バス「厚生園入口」下車徒歩5分。駐車場＝普通車10台。

**見学方法** 月曜日と年末年始を除く9時30分～16時30分。入館料320円（一般）。※書斎棟、居間棟二階、門番所は、年数回の特別公開日のみ見学が可能

【参考文献】


・『旧堀田邸保存整備工事報告書』（2002年、佐倉市教育委員会）
・『風媒花　第13号』（2000年、佐倉市教育委員会）の内「旧堀田邸」（中村順）

・『風媒花　第20号』（2007）年、佐倉市教育委員会）の内「旧佐倉藩主が建てた明治の邸宅―その形式と系譜―」（濱島正士）
・『日本の肖像　第2巻　旧皇族・華族秘蔵アルバム　弘前・津軽家　佐倉・堀田家　水戸・徳川家分家』（1990年、大久保利謙監修、毎日新聞社）

# 旧田母沢御用邸記念公園内　花御殿部（栃木県日光市）

## 江戸屋敷の貴重な遺構——花御殿部《はなごてん》（紀伊藩中屋敷）

### 唯一残る江戸屋敷

日光で建築といえば、徳川家光が建て替えた日光東照宮、東日本で最も大きな木造建造物である日光輪王寺《りんのうじ》三仏堂など、行ったことのある名前が次々と挙がるだろう。最近では、中禅寺湖畔のイタリア大使館別荘記念公園、英国大使館別荘記念公園なども人気が高いようだ。また、日光金谷《かなや》ホテルのようなクラシックホテルもあり、見るだけではなく、その空間で食事をしたり、泊まったりと、建築好きのみならず、その楽しみ方は幾通りもある。

平成十一（一九九九）年には、日光の社寺が世界遺産の文化遺産に登録された。その要件を満たすために、保存管理計画などもまとめられ、単なる観光資源ではなく、山林地域も含めた景観も保存していく姿勢へと、ずいぶんと様変わりした日光を、近年は見ることができる。

登録資産は、二荒山《ふたらさん》神社、東照宮、輪王寺、日光山内（山林や石垣・階段・参道などの遺跡《文化的景観》）とコンパクトである。さらに、華厳《けごん》の滝や中禅寺湖、温泉なら鬼怒川《きぬがわ》温泉、湯西川《ゆにしがわ》温泉と、どんな楽しみ方もできる。

でも、それでは、人知れずの旅にはならない。


佐倉市旧堀田邸の項で、「幕府の拝領屋敷（江戸屋敷）は、すべて打ち壊した後、明治政府に接収された」と書いた。だから一つも残っていない、と考える人は多い。わずかに、門は残っていて、旧丸の内大名小路（現在の丸の内三丁目）にあった鳥取藩（三十二万石）池田家江戸上屋敷の正門は、上野の東京国立博物館へ（国指定重要文化財）。加賀藩（百二十万石）十三代藩主前田斉泰《なりやす》が、文政十（一八二七）年に十一代将軍徳川家斉《いえなり》の娘溶姫《やすひめ》（又は、ようひめ）を正室に迎えたとき建立された御守殿《ごしゅでん》門《もん》は、東京大学の赤門としてそのまま存在する（国指定重要文化財）。もう一つは、江戸時代中期に黒田官兵衛の孫、長政の三男、秋月藩黒田長興《ながおき》が建造したと伝えられる屋敷門で、昭和四十三（一九六八）年に黒田家の親戚大木久兵衛から正力松太郎が寄贈を受け、黒田門として、よみうりランド丘の湯にある。

たったこれだけ？　これだけなのだ。かろうじて、所縁のある寺などに引き取られた棟も、どこかにあるかもしれないが、公開されてはいない。

廃仏毀釈《はいぶつきしやく》もそうであったが、どうも日本人は、極端に走りやすい。

それでも、一つだけ残っているものがある。それが、紀伊徳川家江戸中屋敷（以下、中屋敷と記す）の花御殿部と呼ばれる建築である。

どうやって、私がそれをみつけたのか。今となっては定かではない。それは、こんなことを話す相手がいなかったせいもある。

ともあれ、この発見を自分の目と身体で確かめるべく、平成二十三（二〇一一）年六月、初めて日光田母沢御用邸記念公園に向かった。

## 一棟の床面積では日本最大級

その場所は、神橋《しんきよう》から一・二キロメートルほど。東照宮から国道へと降りてくれば、それを右に折れて、国道の坂を少し上がった（バス停で二つ目）左手にある。この国道は中禅寺湖への一本道だから、土日や夏休みの渋滞時、田母沢という名前だけは覚えているという人もいるかもしれない。

そこには、平成十二（二〇〇〇）年に復元修復が完了した、一棟の床面積では日本最大級の木造建築（百六室、建築面積千三百六十坪）が、静かに訪れる人を待っていた。静かに、というのは、広大な敷地に観光客がまばら、ということである。東照宮や輪王寺とは、桁違いに人が少ない。この建築は、現在では御用邸ではないので、旧日光田母沢御用邸と呼ぶのが正しいが、いちいち旧を付けなくてもとも思うので、ここからは御用邸とだけ呼ぶことにする（国指定重要文化財として正しくは、「旧日光田母澤御用邸」である。十の棟が重文に指定されている）。

園内に入って、御車寄《みくるまよせ》と呼ばれる玄関に近づく。木立の中に、平屋建ての大きな建物が見えてくるが、左右に長いことだけは首を振って確認できても、これから見るそれがどのくらい広いのか、想像もつかない。

御車寄は、重厚な唐破風形式でできた、玄関の突出部分である。

建築面積千三百六十坪というのは、三十坪（約百平米）ほどの３ＬＤＫが我が家といった庶民からは、到底想像もつかない。この御用邸は、目指す①中屋敷の一部分（花御殿部）が江戸時代（三階建て部分は天保十一〈一八四〇〉年築）、②明治六（一八七三）年以降、赤坂仮皇居に増築された部分、③御花御殿（東宮御所）に増築された部分、④明治期小林家別邸部分、⑤明治三十二（一八九九）年御用邸造営時新築部分、⑥明治三十三～大正六（一九〇〇～一九一七）年の小規模増築部分、⑦大正七～九（一九一八～二〇）年の大規模増改築部分・大正十（一九二一）年の小規模増築部分と、七回の新築・移築・曳家・増築を経て出来上がった建築物である。

御車寄から玄関周りは、③に当たる部分を、東京・赤坂から明治三十二（一八九九）年に移築したものである。

受付を通って、左手へと歩き、これから時計回りで、御用邸を歩くことになる。単に建物の中を巡るだけではなく、歴史→伝統→匠《たくみ》→復元と、その概要を写真と解説で知ることができる。

休憩所と呼ばれている幾つかの部屋では、まず十二分のビデオを視聴する。次に、花御殿部が、中屋敷のどこの部分に当たるのか、「御本殿表奥大奥御広敷四分計御絵図」（和歌山県立博物館蔵）で示されるなど、①〜⑦の建築様式などを写真パネルで見ていく。その先の展示室には、錺《かざり》金物、畳縁《たたみべり》などの部屋の格式による違いなどが、サンプルと共に展示解説されている。また、襖絵の展示と解説もここで読むことができる。

この展示室までが、御車寄を正面に見た左翼部分になる。

ここから南へと歩いていくと、南東の建物、すなわち⑦最後に行われた大規模な増築によって完成した、表《おもて》御《お》食堂《しょくどう》、御《お》玉突所《たまつきじょ》、次の間から謁見所《えつけんしょ》の順で見る棟に入る。

御用邸とは、天皇や皇族の別荘である。現存するものは、那須御用邸、葉山御用邸、須崎御用邸で、夏などにこの名を報道で見たり聞いたりすることがある。日光田母沢御用邸も、本来、その目的で造られた。しかし、大正天皇が元来ご病弱で、各御用邸での静養を繰り返していたため、日光田母沢御用邸内に、御所としての機能を設ける必要が起こり、この⑦の部分が増築されたのである。

この増築部分が完成する年、大正九（一九二〇）年三月三十日、宮内省は、大正天皇の体調悪化を初めて公表している。翌年十一月二十五日には皇室会議と枢密院で摂政設置が決議され、皇太子（後の昭和天皇）が摂政に就いている。その後の大正天皇は、夏は主にここ日光で、他の季節は沼津や葉山に滞在して療養に専念されるが、病状は悪化の一途をたどっていった。

こうした理由と経緯があって、ここ田母沢御用邸は、これだけの規模の建物になったのだ。

## 壁すべてが梅の贅を尽くした部屋

⑦の増築部から廊下をしばらく歩くと、①の花御殿部へと入る。いよいよ江戸時代の建物だ。一階には、御座所と御次の間、御学問所があるが、日光へ移築され、後から増築された部分をつなげたため、見学者は突然、御学問所に入ることになる。御学問所は梅の障壁画で埋め尽くされているため「梅の間」と呼ばれてきた。花御殿部と呼ばれるこの棟の廻り縁も襖もガラス戸も、あらゆる縁は黒漆が塗られ、この建物だけが抜きん出て違う性格を持つことを示している。また、御座所、御次の間、御学問所、御座所入側、御日拝所《ごにっぱいじょ》は、畳敷の上に絨毯《じゅうたん》を敷くのが、ここ日光田母沢御用邸独特の様式だそうである。

書院造に絨毯、シャンデリアという謁見所

梅尽くしの「梅の間」の格調高い格天井

（あぁ、これが江戸屋敷の贅を尽くした部屋なんだ）と私は、まずこの梅の間で溜息をついた。紀州すなわち和歌山県は暖かで、梅の開花も早いだろう。それを待ち、遠く江戸から遠眼鏡《とおめがね》で見るかのような梅の景色。壁すべてが、その梅の枝々で覆われている。

もちろん、天井は黒漆塗りの格天井である。平成二十（二〇〇八）年に復元工事が始まった名古屋城本丸御殿の障壁画復元模写展などを伝え聞き、私は江戸時代を、障壁画全盛時代とも考えるのだった。さらに、この梅の間には、大きな円窓が切られている。悟りの窓であろうか。建築のさまざまな要素を組み合わせて、一つの世界を表わす。田母沢に移築されるときに、梅の間は縮小されて運ばれたらしいが、そうした減築も含めて、この棟の歴史は尊いと思った。

この赤坂から田母沢へ移築された、旧紀伊徳川家中屋敷の一部分は、そもそも「**対面や格式を必要とせず、くつろぎのためだけにある当主の大奥向の私的空間**」であった。その棟には、家臣や夫人方も立ち入ることのできない当主専用の庭があったという。その西側には、梅の間があり、御次の間、御学問所と、「**東から西へ、晴れやか**

な空間から詫びた空間へと横に順次流れており」御座所には障壁画もなく、白一色の貼付壁、天井となっている（「」内は、論文『紀伊徳川家江戸中屋敷の旧日光田母沢御用邸への移築について』より引用）。

確かに、シンプルではあるが、その欄間には竹が曲水の線を描き、その上に扇が四面配されているなど、遊び心も忘れてはいない。

この花御殿部という棟は、最後の紀伊徳川藩主（一）徳川茂承《もちつぐ》が住み、明治五（一八七二）年、紀伊徳川家から皇室に献上され、その後、赤坂離宮と称され（二）英《えい》照《しょう》皇太后の御座所となる。翌年、旧江戸城西丸御殿に置かれていた皇居宮殿が炎焼したため、仮皇居宮殿として使用される。（三）明治天皇がお住まいになる。明治二十一（一八八八）年には新宮殿（明治宮殿）が完成したため、翌年、仮皇居宮殿は再び赤坂離宮と呼ばれることになり、その十年後に、ここ日光に田母沢御用邸の一部として移築されることとなった。

そもそも、この日光田母沢御用邸の最初の工事が完成する明治三十二（一八九九）年と前後して、沼津御用邸（一八九三年築）、葉山御用邸（一八九四年築）、塩原御用邸（一九〇四年築）が建てられていて、これらはすべて（四）大正天皇の静養を目的としたものだった。失礼を承知で番号を付けさせていただいたが、この御四方、そして、（五）上皇陛下は昭和十九（一九四四）年七月からの約一年、この邸で疎開生活を送られている。

こうして、主を変え、名を変え、建つ場所を変えたが、この花御殿部は、その主が最も〝私《わたくし》〟であった住まいなのだ。

**貴重な江戸時代の三階建て**

二階へと上がる。そこには、皇位の印である「三種の神器」のうち、剣と勾玉《まがたま》を奉安する劔璽《けんじ》の間と、御寝室、御日拝所がある。御日拝所は、天皇がご先祖を遥拝された部屋であるが、長押がなく、床の間の落掛《おとしがけ》も黒漆塗りで弧を描いているなど、武家の書院建築を離れた造りとなっている。

さらに、この花御殿部には三階があり、御展望室《ごてんぼうしつ》と呼んでいる。これが一番、この棟が残った理由かもしれない。江戸時代に在った三階建て、といわれて私が思い出せるのは、西本願寺飛雲閣、水戸偕楽園好文亭などであるが、江戸時代、町家は二階建

御座所入側の見事な杉戸絵

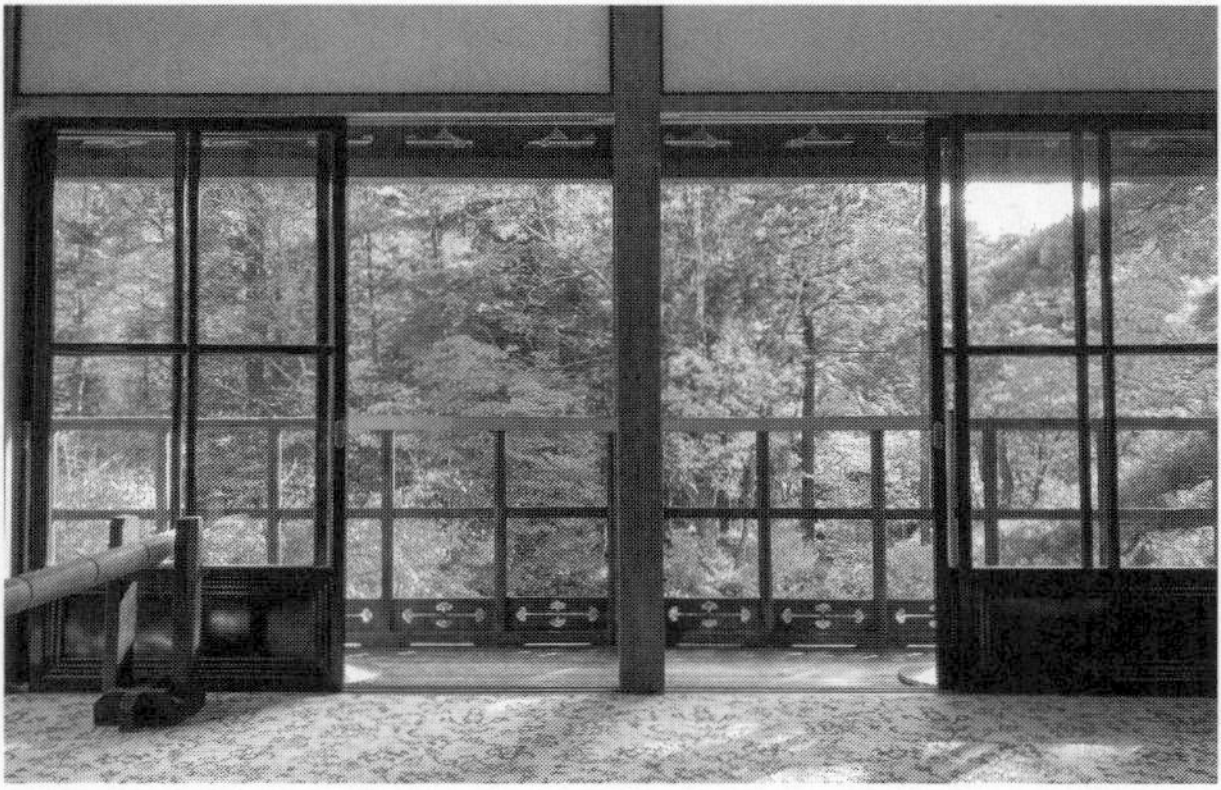
御日拝所からの紅葉は日光一ともいわれる

て（以上）が禁止されていたが、御殿は藩主の住居であるため城郭建築とはならず、武家諸法度の規制を受けることはなかった。三階建ての例は、盛岡城などわずかにあるが、現存する江戸屋敷それも三階建てというのは、奇跡的な生命力という他ない。御用邸のガイドブックによれば、「明治六年七月に明治天皇が、皇后と内延三層の楼上に出御して西洋料理を供進せしめ」という記録が残っているそうだ。ホテル最上階のレストランで食事をする、そんな現代の夢と通じるところがあるように思う。かくして、私の江戸屋敷探訪の夢は、大満足の内に叶ったのであった。

階段を降り、もう一度梅の間を堪能《たんのう》してから、私は残る見学ルートに戻っていった。皇后の御座所や御寝室は④の部分で、もともとここにあった小林家別邸という建物を曳家したものだそうだ。それでも、皇后陛下のお住まいにふさわしい総栂造《そうつがづく》りの棟であり、この棟も重要文化財に指定されている。

見学コースのところどころには、「↑天井をご覧ください」といったパネルが立っていて、木材の「洗い」の説明が、①洗い前　②軽く水洗い　③ていねいな水洗い　④ていねいな灰汁《あく》洗い　とその工程の写真と実物で示されていた。

この御用邸も、戦後は日光に来る修学旅行生の旅館代わりになったりと（確かに、これだけの部屋数があれば、どんな人数でも泊められるが）、転用もされたようだ。そうした時期を経て、これだけの建築を使わないまま知られないままにすれば、朽ちる一方である。それに加えて、平成という世でその修復を経験しないと、その技術の継承ができないという、それぞれの匠の切実な意見があったようだ。先の「洗い」という技術は、「洗い屋」という職人が行うものだ。仕事がなくなれば、廃業する他ない。

平成八（一九九六）年、栃木県はこの御用邸を大蔵省（当時）から払い下げを受け、調査と復元工事を行い、重要文化財の指定も受け、開園した。先に挙げた、中禅寺湖畔の外国公館別荘もそうであるが、栃木県の既存建造物にかける情熱は、他の県にはなかなかないものだ。隠れた建築を愛する者として、そうした建築を甦らせてくれたことに感謝したい。

＊日光田母沢御用邸記念公園（☎0288―53―6767）

**所在地** 栃木県日光市本町8―27

**行き方** JR日光駅・東武日光駅下車。東武日光駅より東武バス「湯元温泉行き」「中善寺温泉行き」「奥細尾行き」「清滝行き」に乗り、「日光田母沢御用邸記念公園」下車徒歩1分（乗車時間は10分ほど）。大型5台、普通車113台駐車可（有料）。

**見学方法** 火曜日、年末年始を除き9～17時（11月～3月は～16時30分）。600円（大人・高校生）。

※御日拝所、御展望室は、期間を限っての公開となっているため、ホームページなどで事前に確認すること。

【参考文献】


・「日光田母沢御用邸記念公園」パンフレット（公益財団法人栃木県民公園福祉協会）

・『皇室の邸宅』（2006年、鈴木博之監修、JTBパブリッシング）

・『紀伊徳川家江戸中屋敷の旧日光田母沢御用邸への移築について』（中村光彦、浅羽英男、河東義之、海老原忠夫、今井正敏、日本建築学会計画系論文集　第542号、199-205、2001年4月）

# 3 商家町のにぎわい

Chapter 3

御城番屋敷
旧長谷川治郎兵衛家
旧小津清左衛門家
本居宣長旧宅
熊谷家住宅
康楽館

# 御城番屋敷、旧長谷川治郎兵衛家、旧小津清左衛門家、本居宣長旧宅（三重県松阪市）

## 百五十年以上、子孫家族が住み続ける長屋――御城番屋敷《ごじょうばんやしき》

### お城の警護に当たる藩士の家

松阪へ行く。そう決めたのは、平成二十八（二〇一六）年五月、文化審議会が、松阪市の旧長谷川治郎兵衛《じろべえ》家を重要文化財に指定するよう、文部科学大臣に答申したというニュースを新聞で知ったときだった。

「松阪市の豪商・・・十七世紀後半からの建築・・・主屋四百三十二平米・・・」。これは凄《すご》そうだ、と私は直観した。しかし、この一軒のために、東京からわざわざ行くことはない。その年の十二月は、毎年挙行している勤務先OB・OGの旅行がお伊勢参りと決まっていた。その帰りなら、好都合だ。かくして、この年の十二月、お伊

勢参りの帰りに松阪へ行く、という計画を立てることになった。

夏の暑さもおさまった頃、日本橋にあると知った「三重テラス」という三重県のアンテナショップへ立ち寄ってみた。その年の春、伊勢志摩サミットが開催されたこともあって、フロアはなかなか賑わっていた。松阪市の地図や観光ガイドブックをもらって、近鉄に乗ったら読もう、くらいに考えていた。

神宮には、それまで何度も詣でている。近鉄特急で、桑名、四日市、白子、津、伊勢中川、松阪とはやる気持ちの割に、この路線は長い。それでも、松阪までくれば、「もうすぐ伊勢だ」と身支度を始めるのによい頃合いだ。しかし、そんな旅を二十年、三十年と続けていても、松阪で降りる理由はなかった。

前日にお伊勢参りを終えて一人になり、その夜は松阪駅近くのビジネスホテルに泊まった。翌朝、駅前の観光情報センターでレンタサイクルを借りた。

初めての松阪の町を、まず松坂城址へと向かった。天正十二（一五八四）年、滋賀県から南伊勢に入った蒲生氏郷が、四五百森《よいほのもり》という小高い丘に建てたという城である。この城ができたとき、この地は「松坂」と名付けられたそうだ（明治になって、大坂が大阪に変更されたこともあり、明治二十二（一八八九）年の町制施行の際に、「松阪」に統一。読みも平成十七（二〇〇五）年、「まつさか」に統一された）。

城址の真下まで来て、石垣を見て、その左へ回る道へと、私は自転車を進めた。目指すは「御城番屋敷」（国指定重要文化財）だ。

観光ガイドブックの表紙に載っている写真は、上から反時計回りに、松阪牛、松阪茶、御城番屋敷、松坂城址、松阪商人の館、旧長谷川邸、であった。松阪牛は、前日の晩御飯に、松阪牛のホルモン焼きを名物にしている店で、少しだけ味わった。そこで出されたお茶が松阪茶だったのかもしれない。となれば、次は御城番屋敷という順だった。

御城番屋敷とは、江戸末期、文久三（一八六三）年に建てられた、松坂城警護に当たる紀州藩士とその家族の住居で、東棟と西棟が組になっている棟割《むねわり》長屋である。こうした例は、旧新発田《しばた》藩の足軽長屋（天保十三（一八四二）年築）もあるが、ここ松阪の凄いところは、その子孫の方々が維持管理し、今も十三戸が借家として利用（居住）されているという点である。お城へと続く真っすぐな道の両脇には、槙《まき》の生垣がきれいに刈られていて、電線は地中化され、近代的な設備は道と反対側に設置されて

御城番屋敷から松坂城址を眺める

いると見受けられる点は、会津（福島県）の大内宿と同様である。石畳は、警護に馬を用いていたためだろうか。土蔵も一棟、残されている。

屋敷は、そのうちの一戸を松阪市が借り受けて復元整備し、一般公開されている。外からの見学ではあるが、三畳ほどの玄関は、引き戸で土間と仕切られていて、道側に六畳間と八畳間が並び、この前八畳という部屋にだけ床の間が付く、格の高い部屋となっている。それぞれ後六畳、後八畳と、家族の生活の場があり、奥の角屋に雪隠が付いている。

こうした先例が、維新後、官舎や社宅といった住まいへと引き継がれていったことは、自然の理《ことわり》であろう。その原型を見るという意味でも、ここ松阪に百五十年以上、武士とその子孫が住む家が残っていることは、希少であり貴重な財産だと思う。

ここに移り住んだ紀州藩士は、田辺与力《たなべよりき》と呼ばれる面々で、御城番として迎えられるまでの紆余《うよ》曲折《きよくせつ》は、パンフレットに譲ろう。しかし、維新後の浮き沈みの世の中を、この集団は「苗秀社《びようしゆうしや》」という会社を作り、乗り越えたそうだ。その会社内規には「わが党各家は永世変わらず、苦楽を共にし、家門の繁栄を図ることを主眼とする」という設立趣旨が記されている、とある。

この屋敷が今に残っているのは、この「苦楽を共にし」という精神があったからではないか。家はまさに、その苦楽を共にする場所なのだ。悲しいときに一緒に泣いてくれた、困ったときに米一合を分けてくれた、そのすべての記憶が家に染みついているから愛着が湧く。家の中に入れなくとも、ここの住民のことを思うだけで、この場所に来て、この屋敷を見ることができてよかったと、私は思った。

◇◇◇◇◇◇◇◇◇◇◇◇◇ **主《あるじ》が松坂に留まった理由《わけ》——旧長谷川治郎兵衛家** ◇◇◇◇◇◇◇◇◇◇◇◇◇

**部屋数三十の広いお屋敷**

御城番屋敷を後に、次に私が向かったのは、松阪市立歴史民俗資料館であった。その町のことを短時間で知るには、こうした資料館や博物館に行くのが手っ取り早い。その内容は割愛するが、この資料館を見たあたりから、この観光地ではない町の底力は何だろう、と問いかける自分がいた。

旧長谷川治郎兵衛家（以下、長谷川邸と記す）は、松坂城址を背に、元来た道を左手に市役所を見ながら戻ると、その隣という場所にある。御城番屋敷からは六百メートルくらいか。長谷川邸の西半分には、江戸時代は奉行所が置かれていたので、御城番屋敷から駆け付けても数分。松阪は、誰もが徒歩で行き来した江戸時代の距離感で散策ができる町でもある。

重要文化財に指定された、その年の公開は、日曜・祝日のみであった（現在は、月曜日と年末年始が休館）。

大手通から魚町通《うおまちどおり》へ折れる（電信柱に「牛銀本店」入口と標識が出ている）と、そこに旧長谷川邸は、その先三十メートルはあろうかという表塀と共に、まさに豪商という外観を見せていた。手前に表蔵がドンと立ち、その黒漆喰が富を象徴している。続く表座敷の外壁は竹の格子を目隠しとしていて、出桁造《だしげたづくり》。玄関は、現在は引き戸であるが、その昔は大戸であっただろうか。本うだつを左右に上げてある（この本うだつに挟まれた間口が、この家の最初に造られた部分である、と後で知る）。江戸時代は、この魚町通の一本東を同方向に通る参宮街道が、かつての松坂のメインストリートであった。大手通は、その参宮街道と直角で、旧長谷川邸は、間口を東に向けて建っている。

入館料を支払って、通り土間をくどへと向かう。

ともかく広い。

手前に、酒米を蒸したのかと思うほどの竈《かまど》がある。隣には、煉瓦《れんが》積みで大小七つ口の、へっついが鎮座している。それらを見張るかのように、墨色も鮮やかに、大きな字で「火用心」の札が壁に貼ってある。聞けば、これは木版で刷ってあるもので、家中・蔵の中、至る所に貼るので、木版で刷るようになったそうだ。このへっついは、タイル貼り煙突付きの文化竈であるから、昭和に入ってからのものだろうか。

くどを抜けて、大蔵《おおぐら》へと向かう。初めて訪れたこの平成二十八年の公開では、家の中はまだ整理中で、外からの見学だけが可能だった。部屋には籐《とう》製の椅子なども置かれていて、つい最近まで人の暮らしがあった様子が窺えた。

大蔵は、その開け方や、収蔵されていた千両箱について、ガイドの方が説明をされていた。庭を通って向かった大正座敷は、江戸時代築の、通り土間とくどの左右にあった部屋とは違い、冬の暖かな日差しを存分に浴びていた。

事前に、松阪市のホームページで、その概要は知っていたが、パンフレットで確認すると蔵を除いても部屋数は、三十はある。さらに、中門を抜けると、かつて奉行所の置かれていた敷地には、広大な庭園と離れが配されている。

この日は、重要文化財の指定を受けて、まだ五カ月という時期であった。これから、調査が進むであろう。この家の凄さは、建物の歳月と規模だけではなく、売却された家屋敷と同時に寄贈された古文書・典籍類、美術工芸品・生活道具など、二万点余りの目録化を進めている、と、そのときのパンフレットには記されていた。これが、後でとんでもない数になるとは、まだ、当事者松阪市も想像もしていなかったに違いない。

ともあれ、初回の訪問は一時間強で、もう一つの商家、旧小津家住宅へと私は歩を進めた。

## 伊勢商人の底力

ここで、江戸大伝馬町で三百五十年以上続いた長谷川商店について、簡単に触れておく。松坂出身の商人といえば、三井家（八郎右衛門）が筆頭であるが、それを別格とすれば、この長谷川治郎兵衛家、次に挙げる小津清左衛門《おづせいざえもん》家と、長井嘉左衛門《ながいかざえもん》家が、松坂の御三家と呼ばれた豪商だそうだ。

伊勢商人は、江戸における伊勢国出身の江戸店《えどだな》持ちの商人に対する総称で、主人(本家)は伊勢に住み、江戸店は奉公人に一任していること、またその奉公人は伊勢国出身者であることがきまりとなっている。松坂城を築いた蒲生氏郷は、近江日野の出身で、近江商人を育てた人であり、その影響や、松坂が木綿産地であったこと、伊勢参宮の人たちによって貨幣経済が発達し、情報の通り道でもあったことなどが、伊勢商人を育てたと言われている。

旧長谷川邸のパンフレットにも載せられているが、歌川広重作の「東都大伝馬街繁栄之図」左手前に描かれている店(のれんの「マルサン」が家紋)が江戸店である。また、明治六年の地租改正図にも、大伝馬町のあちこちに長谷川治郎兵衛の名をみつけることができる。

江戸の店は、度々の大火で、その資料は焼失し、幾度もの建て替えが行われ、そして平成の世まで店は続いた。平成二十一(二〇〇九)年、ついに店は畳まれることになり、平成二十五(二〇一三)年、松阪市の本宅(土地・建物・古文書・美術工芸品等)を一部売却・寄贈したのである。

と、雑に書いてしまったが、この長谷川商店については、当主が、東京都立大学の北島正元氏に依頼して、昭和三十七（一九六二）年に『江戸商業と伊勢店　木綿問屋長谷川家の経営を中心として』という書籍が吉川弘文館より出版されているので、全歴史を知りたい方は、ご参照されたい。ちなみに、六八七ページという厚い本で、私は東京都中央区立京橋図書館の地域資料室でこれをみつけて、そのページ数に呆れたが、一年を二ページにまとめても、と考えれば、妥当な厚さである。

## 五回の拡張と増築

二度目の訪問は、令和になって初めての秋、京都で友人に会うという旅が持ち上がったので、朝一番に松阪へ、と計画することにした。三年前は、日曜・祝日のみの公開であったが、この時には、月曜日と年末年始だけが休館、と一般的な公開となっている。東京でできることをと考え、都の中央図書館のホームページで「旧長谷川家住宅」と蔵書検索すると、四点の図書がみつかった。広尾に行き、この内『旧長谷川家住宅調査報告書』を閲覧して、必要箇所のコピーをとった。

この資料によると、この旧長谷川邸は、大きく五回の敷地拡張と増築を繰り返し、現在の規模となったようだ。つまり、江戸中期に、㋐通り土間とどの右側部分（表

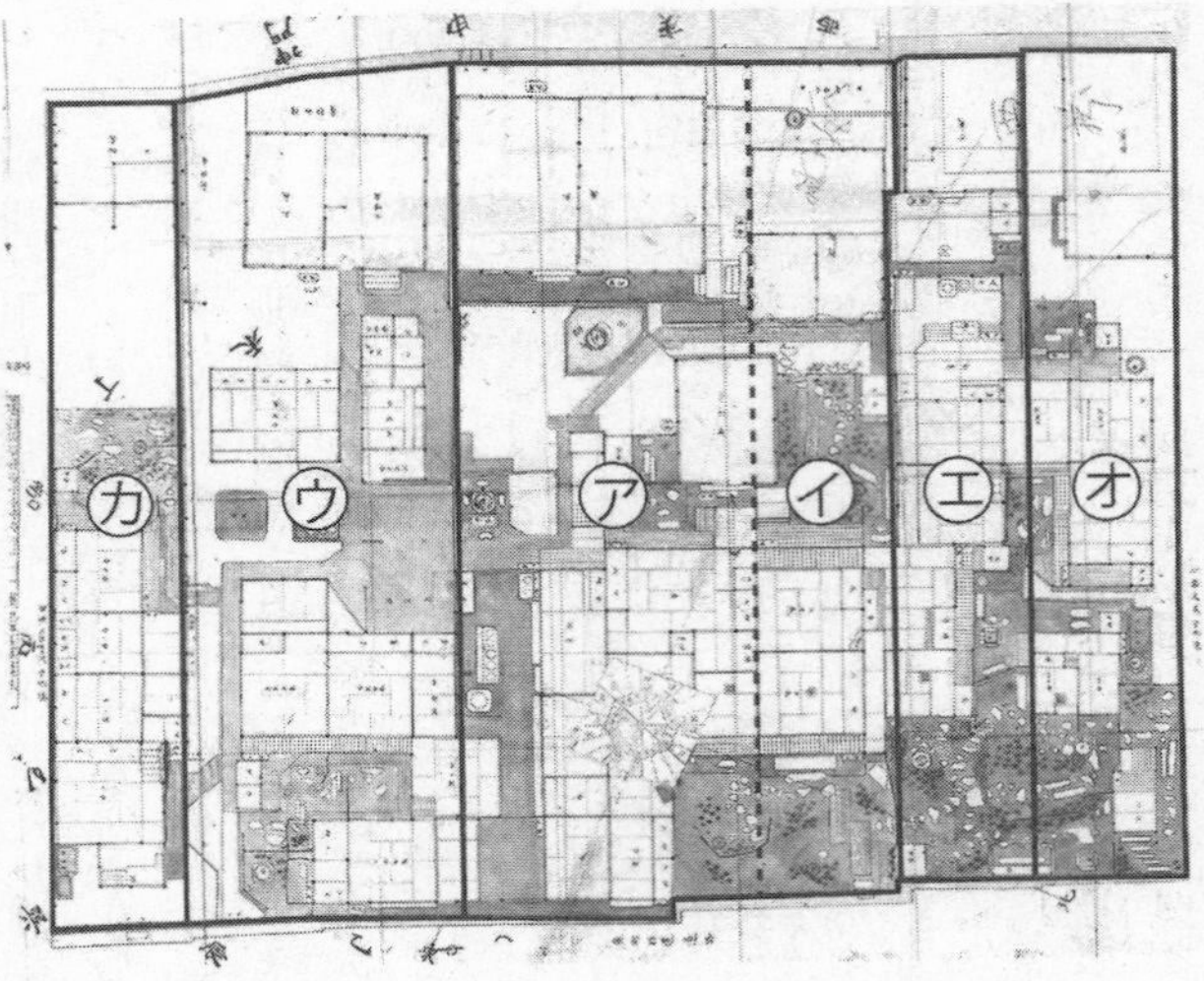


旧長谷川家住宅魚町側敷地 屋敷地の変遷（資料提供：NPO 法人 松阪歴史文化舎）

からは、本うだつに挟まれた部分）が建てられ、少し遅れて（享保六《一七二一》年に）大蔵が建てられたようだ。㋑次に、享保二十（一七三五）年には、表蔵の北側に新蔵が建てられている。㋐と㋑の土地は、最初から㋑までを購入したのか、後から㋑を購入したのかは定かではないらしい。さらに、㋒今度は、通り土間とくどの左側部分、つまり玄関を入って左手に並ぶ表座敷、板の間、新座敷がある部分の土地が購入、増築され、米蔵が建つ。これが明和五（一七六八）年までのことだ。㋓天明三（一七八三）年には、屋敷の北側の土地を購入し、さらに大座敷と次の間、茶室などが建つ。この増築時に、お客様が通りから直ぐに入れるように、塀に戸の仕掛けと待合が造られたようだ。㋔文政十（一八二七）年には、一番北側の土地が購入され、この後、明治十七（一八八四）年までに西蔵が建てられたようだ。㋕最後に拡張されたのが、一番南側にあたる部分で、通りから目立つ表蔵がある部分である。明治三十五（一九〇二）年頃までに順次、増築され、蔵が建てられた。

つまり、旧長谷川邸は、その商いの規模拡大と並行して、当初の間口六間奥行二十間という細長い土地を、その北側、南側と、間口六間、三間と、細長い敷地を買い足していって、現在の敷地と建物構成が出来上がったのだ。

前回の訪問では、部屋には足を踏み入れることができなかったが、これは、再訪する楽しみがいよいよ増えたぞと、私は、その資料を、こんどは新幹線の中でもしっかりと読み込んで、名古屋駅で乗り換えた。

## 江戸時代も充実の伊勢ライフ

二度目の松阪市。今度は徒歩で、魚町の旧長谷川邸へ向かった。

受付で新しくもらったパンフレットに目を通した。そこには「すべての資料の寄贈を受けたため、平成二十九年度まで調査を継続し、約八万七千点を目録化しました」とさらりと記されていた。（あれっ、二万点くらいって前は書いてなかった？）と私は、有るところには有る、という事実と、その目録化が終わった、つまり研究はこれからだというお宝感とを、自分だけの秘密のようにほくそ笑んだ。

通り土間から右手の「大家」と呼ぶ六畳間に上がる。さらに北へ奥の間まで行くと、目の前には小さな庭が拡がる。前回は庭塀で囲われて、外からは見えなかったところだ。この主屋は江戸時代中期、つまり元禄から享保の頃、長谷川商店が勢州木綿・尾州木綿を松坂の店で買い付け、これを江戸店で販売し、昇る勢いであった時代に建てられている。しかし、まだ庭は小さい。この奥の間までが、先ほど書いた㋐の部分になる。それを裏付けるかのように、大座敷脇の入側にかかると、数センチの段差がある。ここからは㋓の部分だ。

大座敷の前にも庭が拡がるが、この庭はその先の大正座敷ともつながっていて開放的だ。この屋敷には、三つの茶室がある。先の奥の間の通り側に一つ。この大座敷・その次の間と同時に建てられた二つ目の茶室。三つ目は、奉行所側にある離れに付帯する茶室である。この時の見学でも、それぞれの茶室を拝見することはなかったが、この三つの茶室を持つ、ということが、この家の生き方と大いに関係するのである。

この大座敷までが江戸時代である。

次に上がる大正座敷と呼ばれる明るい空間は、前回は外からの眺めだけであったが、今回、中から歩いて入ると、そこは、さながら料亭の座敷のようであった。部屋に置かれたパネルによると、ここで十二代当主の披露宴が行われたり、宮家の方が宿泊されたこともあったようだ。この大正時代の店の商いは、ガラス問屋が当たったことが大きいようだ。確かに、障子に使われているガラスは特大のもので、これを見たお客様の驚く顔がガラスに映って、当主は、さぞ満足だっただろう。

こうして、二回目の旅で、私はこの旧長谷川邸を、舐《な》め回すように見学することができたのだが、ここで、また一つ疑問が残った。それが伊勢商人のスタイルと言ってしまえば、教科書通りであるのだが、なぜ、彼らは江戸へ出なかったのか。それを考えると、単純に次の二つが思いつく。つまり、何か大きな理由があって出られなかった。あるいは、出る必要がないくらい松坂が楽しかったから、か。

この疑問を帰り際、ボランティアガイドの方にそっとつぶやいてみた。

その答えは、どちらも正解！　であった。

つまり、ここ松坂は、蒲生氏の後、豊臣秀次の家臣服部一忠《はっとりかずただ》、古田重勝《ふるたしげかつ》、その弟古田重治《しげはる》と藩主が変わったが、元和五（一六一九）年からは紀州藩領（飛び領地）となる。つまり、伊勢商人は紀伊徳川家御用商人として、主人が松坂の本宅を留守にすることができなかったのである。それればかりではないと言いたいが、藩の御用といえば、それは借用である。主人が不在で、留守居が「伝えておきます」と返事をしたが最後、それは「承知した」とされてしまう。そんなことで借財が増えては元も子もない（実際は貸す側だが、多くは上納であった）。納得できる理由である。

茶の間から庭への視線

この石の来歴もわかるだろうか

さて、もう一つの正解。伊勢ライフの充足度には、どのような理由づけがあるのだろう。前述した三つの茶室にヒントがある。

松阪の言葉は、関西弁である。私のような田舎者には、大雑把《おおざっぱ》にそうとしか聞こえないのだが、明らかに名古屋弁ではない。参宮街道から江戸橋（津市）で伊勢別街道に入れば、四里ほどで関宿に着く。東海道四十七番目の宿場である。鈴鹿越えをすれば、その道は京都三条へとまっしぐら。確かに松坂から京都へは、江戸よりはるかに近い。

その京都は、三井家の家祖と言われる三井高利が晩年移り住み、没した地である。これ以降、三井家は京都・真如堂の檀家となり、松坂三井家として二家は残したものの、京都で十一家を構えていく。三井家と表千家のつながりは、つとに知られているが、長谷川家は裏千家との交流を長く深く続けたのである。

その始まりは、十代徳川家治の世（十八世紀の終わり頃）と、裏千家側も長谷川家側にも文書が残されている。流派が栄えていくためには、弟子の育成、門人の増大が欠かせない。裏千家と長谷川家との交流は、その後頻繁に続き、裏千家の弟子集団の一つが、長谷川家を中心とした伊勢松坂に成立したと言われる。その仲は、「気楽に依頼したり、あらゆることを相談するまでの関係になっていたようだ」（『認得斎・玄々斎と長谷川家』）とある。

旧長谷川邸に、茶室が三つもある理由がこれで明白になった。二度目の訪問の冒頭、そのパンフレットに「約八万七千点を目録化」とあり、私は吃驚《びっくり》したことを書いたが、その目録を松阪市の図書館で見ると、なお吃驚であった。あるページには、「不見斎好道具、江戸（文化五《一八〇八》年）、二十二点、菓子碗五点、盃五点、台一・・・・・）」と、例えば、懐石に用いられた二十二点の道具が、資料番号では「表1―93」と一つに数えられているのだ。引っ越しをしないと荷物は増えるばかり、というが、正にその通りだ。

再訪した日には、旧小津家内倉で「松阪商人の茶の湯」という展示会も開かれていたが、長谷川家・小津家共に、茶の湯には相当に入れ込んだことが、その許状、名簿、茶碗、道具類からも裏付けられていた。松坂に居ることが楽しくて仕方ない。こうして、伊勢商人の当主は、国元から居を移すことなく、その町に繁栄をもたらしたのである。

## 江戸文化を支えた店の本宅——旧小津清左衛門家

### 小津安二郎を生んだ一族

長谷川商店は、平成二十一（二〇〇九）年に店を閉じたが、小津商店は、今も日本橋大伝馬町（現在は、日本橋本町三丁目）に、変わらず店を構えている。松阪通いが始まる前から、私はこの店にお世話になっている。東京で和紙の店といえば、小津か榛原《はいばら》（文化三〈一八〇六〉年創業）と、母の実家が日本橋小伝馬町にあったせいか、馴染みがあった（その家は今はもうないが、小津和紙店から四百メートル東であったから、ご近所さんだった）。小津和紙店の三階には小津史料館がある。三越や三井記念美術館など近くまで行くと寄っては、祖父母と母が暮らした小伝馬町に思いを馳せた。

初めて松阪を訪ねたとき、この旧小津清左衛門家は、「松阪商人の館」という名称で公開されていた。「ああ、ここが日本橋にある小津和紙さんの本宅なんだ」と、そのときは、旧長谷川邸への思い入れが強すぎたこともあって、ふらーっと入って、さらーっと見て、帰ってしまった。

再訪したときは、まずこちら、旧小津家を先に見学した。このときは、旧小津家住宅（三重県指定有形文化財）としての公開に変わっていた。

元は、もっと広い敷地だったようだが、今は、四分の一ほどになっているという。建造時期は、旧長谷川邸とほぼ同時代で、厨子《つし》二階と呼ぶ、天井の低い二階部分を持つため、表は虫籠窓《むしこまど》が付けられている。

旧小津邸は、前述したように参宮街道に面していて、大名も通ったであろうから、このような造りになっているのである。その二階は男衆の部屋として使われ、二階に上がる階段を夜は外して、逃げられないようにしていたそうだ。幕末の紀伊徳川家の借金は、小津一万七千両、長谷川八千両であったそうで、長谷川家の財布の紐が固いのか、小津家が、やや気前がよいのか、ともかくさすがという他ない。他にも、慶応二（一八六六）年、幕府の長州出兵に際しては、一万五千両を上納など、この家の羽振りの良さは、群を抜いている。

それが証拠に、この日展示されていた「東京持丸長者」という長者番付では、長谷川家は東の前頭六枚目であるが、小津家は西の小結（大関、関脇の次）に書かれてい

往来の賑わいを彷彿させる参宮街道沿いの旧小津家住宅

何千人という奉公人が見上げたであろう、がっしりとした梁

る。

いったい、なぜそれほどまでに栄えたのか。

読者の中には、小津と聞いて、えっ小津安二郎の？　と連想された方もいるだろう。そう、映画監督小津安二郎は、この松阪の小津家の親族である。むろん、一番の有名人は次に挙げる本居宣長《もとおりのりなが》であるが、小津安二郎もこの家の評判を上げる一端は担っている。安二郎は、深川の肥料問屋の次男として生まれた。その父は、肥料問屋「湯浅屋」以外にも、本家から日本橋の海産物問屋「湯浅屋」と深川の海産物肥料問屋「小津商店」を番頭として任されていた、腕利きだったようだ。

承応二（一六五三）年、小津清左衛門家長広は、江戸大伝馬町一丁目に紙問屋小津清左衛門店を創業する。長広は、九年間紙商佐久間善八の店に奉公し、その功績が認められて、佐久間の隣の家が譲渡人を探したときに、推挙されたのだ。しかし、店の代金百三十両という大金はない。それを融通してくれたのは、同じ松坂出身の親族だった。小津も長谷川も、その発展には、松坂という地のつながり、両者共に江戸店を大伝馬町に持ったという、大伝馬町でのつながり、これが強力な推進力となっている。

紙商として創業した小津家は、やがて繰綿《くりわた》を扱うなど商売を発展させ、近隣の店舗や屋敷を次々と買い取っていく。と同時に、その番頭を育成し、小津三家と呼ばれるようなファミリーによる多角化経営が成功するのである。先の肥料問屋、海産物問屋などはその好例である。

もちろん、今日に続く紙問屋という商売での成功は、小津家の基盤である。しかし、これは小津家が抜きん出たというわけではなく、江戸時代という時代が、紙の需要と生産、消費を、飛躍的に増大させた結果なのである。

もともとの写本や日記、覚書、帳簿、襖障子紙、唐紙などに加え、和歌や狂歌、俳諧の流行。寺子屋での手習い、往来物、草双紙。瓦版、音曲類の正本、役者絵、絵暦、浮世絵・・・等々の大流行を思えば、紙問屋に注文のない日などない。

片や、各藩は収入の強化を図るために和紙生産を奨励し特産化が図られ、紙は米、塩、綿、蠟《ろう》などと共に専売制の対象ともなった。こうして需要が供給を生み、供給が競争を促し、さらに幕府によって株仲間が奨励され、紙問屋は江戸十組問屋《とくみどんや》の一つにもなったのだ。

紙は、江戸という時代に育《はぐく》まれ、今、私たちが懐かしむ江戸文化を創り出した重要な素材なのだ。その一助を担った小津家を、松阪で直に、その空間を知ることができるのは、この家の持つ強い力なのかもしれない。

## 勉強部屋のお手本「鈴屋《すずのや》」――本居宣長旧宅

### 小津家の御曹司　本居宣長

その小津家といえば、その一族の御曹司として生まれたが、商売には向いていないと、医者となり学者として後世に名を残したのが、本居宣長である。

彼が十二歳から亡くなる七十二歳まで住んでいた家が残されている。今、その旧宅は、松坂城址の麓、御城番屋敷そばに移築され、隣には本居宣長記念館が併設されている。

私の松阪訪問も令和元（二〇一九）年十月が二度目、さらに十二月が三度目と病に近くなった。この鈴屋を訪れたのは、通算四度目の旅、令和二（二〇二〇）年二月だった。

三度目の旅では、市の図書館で調べる内に『小津清左衛門長柱日記』という史料があることを知った。その翻刻されたものが（一）から（七）まであったので、これを読むのが四度目の旅の目的だった。これはこれで興味深い逸話をみつけることができたのだが、それは別の機会に書こうと思う。

ともかく、その本を朝から晩まで図書館で読むことが目的であったので、ビジネスホテルは高いし、外食はつまらないしと、この旅では、はやり始めた民泊、Ａｉｒｂｎｂに泊まってみることにした。お伊勢参りの外国人に対応した、松阪からはＪＲで四駅、田丸という駅近の民家を予約した。

毎日、八時半の電車で松阪へ行き、バスで図書館へ、夕方その図書館近くのスーパーで買い物をして、田丸の民家へ戻り調理する。それが繰り返されるはずだった。

ところが、そういった用向きを、旧長谷川邸でガイドをしているＩさんに事前に伝えたところ、なんと、その（一）から（七）を用意して待っていてくれたのである。図書館に通わないとと悲愴にも思ったのは、（一）から（三）が売り切れだったためである。それを、ご自身はもう読まれたからと、くださったのだ。松阪に着いてこのハプニングが起こったので、この史料は帰ってから読めばいい、今はここに居ないとできないことをしようと急遽《きゅうきょ》予定は変更。そして向かったのが、鈴屋であった。

鈴屋は、宣長が五十三歳のときに屋根裏部屋、つまり厨子二階を改築して造った四畳半の部屋である。現在は、旧宅正面に階段を設けて、そこから窓越しに覗けるようになっている。本居宣長は国学者として、その後多くの学者を生み、影響を与えていく。そうした人々にとって、ここは聖地である。しかし私は、家族と子孫、松坂という土地に愛された人ゆえに、この建物が残ったのだと思う。事実、明治二十六（一八九三）年の大火の後、募金活動が行われ、この家は明治四十二（一九〇九）年に移築が完成している。

四畳半の様子は、その向かいの階段を上がったところにイラスト入りで解説がされていて、机が置かれて、大人の男一人が仰向けになれば、いっぱいいっぱいという様がわかるようになっている。床の間脇に柱掛鈴《はしらかけすず》を置き、疲れたときにこの鈴を鳴らしていたことから、この部屋を鈴屋と呼ぶらしい。四畳半に「畳四枚と半分」という但し書きが付いているのは、畳を知らない（家にない）現代っ子への配慮だろう。

旧宅の一階には入ることも、その部屋に上がることもできる。

玄関脇に店の間と呼ぶ四畳半があり、ここで医者としての仕事、つまり患者を診て

旧宅全景

宣長と家族、来客はどこに座っていただろうか

いたそうだ。宣長を語ると、それはそれで一冊の本ができてしまうので、ここでは省く。が、商家の子息だけあって人付き合いにも長けたところがあり、医学という自身に合った職を持ち、大好きな勉学と家族との生活を両立させたという。そういう人の家に実際に身を置くことは、書物を何冊も読むことよりも、違う体験ができる。この空間でしか知りえないことを、この家を出るとき、自分は身に着けて帰っていくのである。

二月の夕暮れは早い。松坂の人は、今夜も鈴屋に明かりが灯っている、先生はまだ仕事をされている、とあの窓を見て思っただろう。勤勉という空気は、一人の人間や、一部の大人たちが創り出そうとしても叶うものではない。町にそれがある。それが、この町の底力なのだと、それを知ることができた私は、知らず頭《こうべ》を垂れた。

*御城番屋敷（☎0598―26―5174）

所在地　三重県松阪市殿町1385

行き方　JR・近鉄松阪駅から徒歩約15分

見学方法　月曜日と年末年始を除く10～16時、西棟北端の一区画のみ内部を公開している。他は一般住居なので、迷惑がかからないように見学したい。無料。

*旧長谷川家住宅（旧長谷川治郎兵衛家）（☎0598―21―8600）

所在地　三重県松阪市魚町1653

行き方　JR・近鉄松阪駅から徒歩約10分

見学方法　月曜日と年末年始を除く9～17時。320円（一般）、旧小津家住宅、松阪市歴史民俗資料館との共通入館券有り（500円）。

*旧小津家住宅（旧小津清左衛門家）（☎0598―21―4331）

所在地　三重県松阪市本町2195

行き方　JR・近鉄松阪駅から徒歩約10分

見学方法　月曜日と年末年始を除く9～17時。160円（一般）、旧長谷川家住宅、松阪市歴史民俗資料館との共通入館券有り（500円）。

**＊小津和紙**（☎03―3662―1184）

所在地　東京都中央区日本橋本町3―6―2　小津本館ビル

行き方　東京メトロ銀座線・半蔵門線三越前駅A5出口から徒歩7分、JR総武線快速新日本橋駅5番出口から徒歩2分。駐車場有り。

見学方法　日曜日と年末年始定休。一階は小津和紙店、三階に小津史料館。10名以上での見学など事前予約制でガイドを付けてくれる。

**＊本居宣長旧宅　鈴屋**（☎0598―21―0312）

所在地　三重県松阪市殿町1536―7

行き方　JR・近鉄松阪駅から徒歩約15分

見学方法　月曜日と年末年始を除く9～16時30分。400円（本居宣長記念館と共通）。本居宣長旧宅は一階のみ内部に入ることができる。二階の書斎「鈴屋」は、部屋の反対側から拝見する。

【参考文献】

・『旧長谷川家住宅調査報告書』（2014年、国立文化財機構奈良文化財研究所編、松阪市教育委員会）

・『江戸商業と伊勢店　木綿問屋長谷川家の経営を中心として』（1962年、北島正元、吉川弘文館）

・『茶道文化研究5』（2013年、裏千家今日庵）の内「認得斎・玄々斎と長谷川家」（筒井紘一）

# 熊谷家住宅（島根県大田市）

## 火災から一年で立ち直った家――熊谷《くまがい》家住宅

### 初めての訪問はツアーで

平成十九（二〇〇七）年、「石見銀山《いわみぎんざん》遺跡とその文化的景観」が世界遺産（文化遺産）登録と決定したとき、「はて？　何処だったかな？」と思ったのは私だけではあるまい。大田市《おおだし》には申し訳ないが、奈良、日光、琉球王国、紀伊山地と、それまでの文化遺産は、聞けばおおかた行ったことがあるか、その構成要素の幾つかを思い浮かべることができた。

しかし、石見銀山と聞いて「あぁ、行ったことがある」という人は、登録時、稀《まれ》だったのではないか。否、いまだに稀かもしれない。私もそうだった。しかし、私は建築史の次に、鉱山・鉱物が好きという、偏った好みを持っているため、別子《べっし》銅山、生野銀山、足尾銅山、尾去沢《おさりざわ》鉱山と、たいがいが建築との抱き合わせで、マメに訪ねている。

その私が、石見銀山に行かない理由はなかった。しかし、どうやって行けばいいのか。そこで頓挫して、月日は経っていった。

ある日、新聞に載っていた通販型旅行会社の広告に、「情緒ある名湯・玉造温泉へ安芸の宮島・出雲大社・石見銀山2日間」というプランをみつけた。これらすべてを回って、東京から往復飛行機で、一名一室で三万円！というのだから、どう考えても、個人旅行の半額以下である。早速申し込んだ。この年、平成二十五（二〇一三）年は、出雲大社の平成の大遷宮に伴うさまざまな祭事が行われた年で、御修造なった出雲大社を訪ねるという点にも私は惹《ひ》かれた。

行程は、一日目に萩・石見空港から出雲大社、二日目が石見銀山、そのまま広島へ出て安芸の宮島へ、そして広島空港から帰京する、というものだった。空港からは添乗員付きのバス旅行だから、ぼぉーっとしていても、皆についていけばよい。初めての石見銀山は、こうして他力本願な旅で訪ねることとなった。

石見銀山の見どころは、観光バスを降りたところから山に向かって歩く先の銀鉱山エリア（銀山地区）と、バスを降りた辺りの鉱山町エリア（大森の町並み地区）の二つの地区である。先に、銀山地区へ向かい、製錬所跡などを見ながら、龍源寺《りゅうげんじ》間歩《まぶ》（間歩＝坑道）という鉱山跡を通り抜ける。石見銀山での滞在時間は百二十分だった。私は町並み地区へ戻って、旧河原家、熊谷家住宅と、その外観を集合時間まで可能な限り見ようとした。もちろん、中に入って見学したいと思ったが、そんな余裕はなかった。

その日は朝、宿を出発してから石見銀山までの車内で、その日の詳細な行程が発表された。そこで初めて私たちは、広島空港二十時四十五分発のＡＮＡ最終便で東京に帰ることがわかった。町並み歩きをしていた私は、戻ったバス停で、朝七時半と夕方四時に広島駅行きのバスが出ていることを知った。

「もしかすると、十六時までここにいて、このバスで広島駅まで行っても、駅から空港を一時間と計算しても、最終便には間に合うぞ」

悪い知恵が働いた。私は広島駅から空港までのバス便をスマホで調べて、確実に二十時前に空港に着けることを確認すると、添乗員さんを探した。そして、その計画を相談してみた。すると、添乗員さんは、団体旅行から抜ける承諾書のようなものを書いて欲しいと言うのであった。もちろん、勝手な行動をするのは私の責任なので、すぐに署名した。正直、安芸の宮島は、もうどうでもよかった。初めて歩くこの石見銀山を、大森町を、できるだけ見ておきたいという一心だった。強く願えば、こうして神様がほほ笑んでくれることもある。泣きたいくらい嬉しかった。観光バスと別れたのは、正午前だったと思う。添乗員さんから車内で食べるお弁当をもらって、それをバス停脇のベンチで急ぎ頰ばった。それから、バス停から一番遠い石見銀山資料館を先に、その次に熊谷家住宅へと私は歩を進めた。

## 商家の遊びと強さと

この熊谷家住宅について私は、既に東京で、「どうやら凄いらしい」ということを聞き及んでいた。奈良や京都ではなく、地方における建築の重要文化財登録とその後の運営などは、地元か、その文化圏にある大学の建築科の先生とその研究室の学生が協力して実施することが多い。この熊谷家住宅の場合、そうしたアテがなかった。そのため、東京で自宅を「昭和のくらし博物館」として公開している小泉和子先生に、お鉢が回ってきたのだ。しかも先生は、その展示計画を立て、地元の女性たちを組織して、調査から展示、運営までをけん引し続けている。その実際を見てみたい、という願いは、こうして実現した。

六月の始めであったが、嘘のように晴れた午後だった。暑くもなく、どこを歩いても人にも猫にも出会わなかった。

熊谷家住宅の前に立ち、道路側からこの家をじっくりと眺める。中央には、式台付きの玄関があり、幕府や大名家の役人は、これを使った。この家が、プライベートな屋敷ではなく、公的な場所でもあったことを物語る構えである。

見学は、右脇にある大戸口から土間へと入って、受付で入場料を支払う。私は一泊分の手荷物があったので、それを預かってもらった。

土間の正面には、勘定場が再現されている。それを右手に見て、通り六畳と呼ぶ部屋へ上がっていく。この上がり框《かまち》との段差からも、この家の豪勢な様が伝わる。畳廊下を抜けて、奥の間（八畳）から六畳+六畳と三間続きの座敷へと入る。

「あー、夏に来てよかった」と私は正座して、そのしつらいを愛でた。襖や障子は簀《す》戸《ど》（葦《よし》の茎で編んだすだれを障子の枠に嵌めた戸）や御簾《みす》（竹ひごを編み平絹などで縁どった古来からのロールカーテン）に代わり、畳の上には網代が敷かれている。

輝くような漆喰壁に地元石見産の石州瓦が映える

目にも涼しげな御簾越しの座敷

たくさんの屋敷を見ているが、このように、夏のしつらい、冬のしつらいと、昔はどこもそうだったという、それを再現できているところは実に少ないのだ。この景色を見て私は、小泉先生の仕事がどれほど徹底したものかと、感服した。次の間との間の欄間は、松の風景を、欄間の高さ半分より少し低く彫ったもの。武家の屋敷では、こうした遊びはできない。床の間も、床脇の棚も天袋・地袋もない。付書院・平書院といった書院も付かない。なんて自由なんだ！　これだから、商家という建築はおもしろくて仕方がない。

次の間から庭を眺める。一間ある入側は、庭までの距離をとることで、庭を広く見せる工夫だろうか。主屋と北道具蔵との間の塀には路地門が開かれている（重要な賓客を迎えるお忍びの門としての機能もある）。その入側の板戸には、孔雀《くじやく》の絵が伸びやかに描かれていた。

家の奥に進むと、居間には、その地下に造られていた石組の地下蔵をガラス越しに見ることができる。財産の上に住むということは、命がけでそれを守るということを意味している。賊が押し入る、あるいは、奉行所へ来た村人が、訴訟などがうまくいかず狼藉《ろうぜき》を働くといったこともあったかもしれない。この家の家業を考えると、どれほどのトラブルがこの家を過ぎていったのか。それを経てなお、その姿を私たちに見せてくれている、この家の強さをひしひしと感じた。

## 火災から一年で再建

熊谷家は、この石見銀山の麓の町、大森町で江戸中期から、郷宿《ごうやど》（代官所に来る村人を泊めたり、村々と代官所との仲介をする）、掛屋《かけや》（代官所に納める年貢銀を秤量《ひょうりょう》《検査》する）、代官所の御用達、大森町の町年寄を務めるなど、この町で最も有力な商家であった（『熊谷家住宅　石見銀山で栄えた商家』）。

そのため、宿としてこの家は、旅籠《はたご》のように二階にかなり広い部屋を持つ（八畳間が二つ、十畳間が二つ、六畳間が二つ）。その一部屋に、大正十一（一九二二）年に嫁いできたヒサ子さんの嫁入り道具が展示されている。姿見、ミシンなど、大事に使われた品々からは、その持ち主の暮らしと愛着が伝わってくるようだ。この展示も、小泉先生の指導の下、この町の女性たちが行ったものだ。

土間に戻って、受付の方に話を聞いた。この家は、寛政十二（一八〇〇）年に起きた町の大火の後、翌享和元（一八〇一）年に再建されたものだそうだ。わずか一年で、

居間の地下に造られていた石組の地下蔵

1922 年、熊谷家に嫁いできたヒサ子さんの嫁入り道具

これだけの家が建つだろうか。主屋部分だけと考えても、当主にそれだけの人望と、町にとっての必要があったからだと考えざるを得ない。

家には、その家固有の歴史がある。この熊谷家もまた、この町を流れた大きな歴史に呑み込まれたが、しかし、なんとか耐えて平成を迎えた。今は、世界遺産の構成要素として、なくてはならない役目を担っている。何か、運の強さ、それを引き寄せることのできる家なのかもしれない、と私は思った。

刻々と、広島駅行きのバスの時刻が迫ってくる。私は、次に来るのはいつになるかわからないという不安のなかで、ブックレットと絵葉書を買い求め、名残惜しくも、この家を後にした。

**＊熊谷家住宅**（☎0854―89―9003）

所在地　島根県大田市大森町ハ63

行き方　ＪＲ山陰本線大田市駅からバスで約30分。東京・大阪・名古屋からは出雲空港→

空港からJR出雲市駅までバス→JR出雲市駅からJR大田市駅までJR線、の乗り継ぎで行くことができる。また、JR広島駅とJR出雲市駅間は県外高速バスが運行している。

**見学方法**

毎週火曜日（祝日の場合は翌日）と年末年始は休館。その他、臨時休館する場合がある。9時30分~17時、520円（一般）。

**【参考文献】**


・『熊谷家住宅　石見銀山で栄えた商家』（2008年3月、小泉和子監修、島根県大田市総務部石見銀山課）

・『重要文化財熊谷家住宅主屋ほか五棟保存修理工事報告書　本文編』（2005年、文化財建造物保存技術協会編著、大田市）

# 康楽館（秋田県小坂町）

## 目の肥えた観客を育てた芝居小屋——康楽館《こうらくかん》

### きっかけは鶴瓶の「らくだ」

さて、鉱山である。この話をすると長くなる。

私の場合、先に好きになったのは鉱物で、鉱山巡りは、それからずっと後になる。鉱物は、平成十三（二〇〇一）年に、東京大学で「和田鉱物標本展」という展覧会を見て、ぞっこんとなった。櫻井欽一博士を知るのは、もっと後である。平成五（一九九三）年にお亡くなりになっていたので、私は国立科学博物館の櫻井鉱物コレクションで、その偉大な足跡を知る他なかった。もちろん『TERRA Sakurai Collection』（二〇〇四年、牛若丸）は購入している。

鉱山は、この小坂町に行ったことがきっかけだと思う。日本は資源に乏しいと、中学校では何度もその言葉を聞いた。けれども、江戸時代はそうではなかったということが、私は三十代、四十代になってやっとわかったのだ。そう知った私は、住友家の礎《いしずえ》である別子銅山、古河鉱業の足尾銅山、と訪ねてみることにした。例えば、足尾なら、足尾掛水《かけみず》倶楽部という迎賓館が残っていた。掛水重役役宅も拝見した。別子の銅を積み出した新居浜には、前述の旧広瀬邸があった。

秋田県の北東の端に小坂町はある。十和田湖の南西と言ったほうが、わかりやすいかもしれない。康楽館のパンフレットには、岩手県のJR盛岡駅から青森駅行きの高速バスに乗れ、という案内が書いてある。これを知らずに、私の初めての小坂行きは大変なことになった。他のルートは、青森空港から青森駅へ行き、やはりこの高速バスで行くのが早いらしい。石見にしろ、この小坂にしろ、鉱物が採れるところは山中の奥も奥である。気軽に、というわけにはいかない。

平成十九（二〇〇七）年秋に、笑福亭鶴瓶《つるべ》師匠が全国の芝居小屋を訪ね歩き、「らくだ」を披露するというニュースを知ったのは、八月のことだった。大阪松竹座、京都・南座、東京・歌舞伎座は、人気ゆえにチケットは取れないだろう。ならば、と探したのが、地方で一番東京から近いところ。それが康楽館だった。予想通り、各地のチケットは瞬時に売り切れたが、幸運にも康楽館のチケットを私は手にすることができた。

それからが大変だった。康楽館に電話して聞けばよかったのだが、私の悪い頭は、悪いまま突っ走ってしまった。大館能代空港を知り、康楽館の近くに宿を探した。その宿のホームページには、空港に送迎タクシーを回すとあったので、二人で各三千五百円なら一人で七千円ではどうですかと聞いてみたところ、了解をとりつけた。

かくして、鶴瓶の「らくだ」を聴くために大枚をはたく！　という後悔？　の旅が始まった。

一泊して、康楽館へは宿のマイクロバスが送ってくれた。

明治四十三（一九一〇）年建造のこの芝居小屋は、切れ間なく営業を続けてきたという意味で、残存する日本最古の芝居小屋と謳《うた》っていた。金丸座（香川県琴平町）や八千代座（熊本県山鹿市）が外観も和の建築であるのに対して、康楽館は和洋折衷《せっちゅう》造りという、いかにも明治らしい外観を持つ。平成十四（二〇〇二）年には、国重要文化財に指定された。

そもそも、この鉱山の町に立派な芝居小屋を作ったのは、小坂鉱山の社主、藤田組であった。ラジオも映画もない時代に芝居という娯楽をこの町に呼んだのだった。その後、映画館になったりと時代と共に盛衰したが、今も常打芝居《じょううち》の小屋として、一年に一度の松竹大歌舞伎以外でも人情芝居を毎月掛け続けている。

## 「また、行きたい」と思わせる不思議な小屋

鶴瓶師匠の開演が近づいていたが、私は館内施設見学の券を買って、舞台裏を案内していただいた。本花道の脇から奈落《ならく》に入り、せまい通路を歩くと、切穴《きりあな》（すっぽん）の仕掛けがあった。花道の七三《しちさん》には、滑車を使って二人掛かりで役者を上げるのだという。舞台下には、回り舞台の仕掛けがあって、これも四人の人力で回すらしい。この地下の空間は、周りを石垣で固めている。修復にあたって、手を掛けないでよいところは、創建当時のままにしてあるそうだ。階段を上がって、楽屋にも案内してもらえた。天井が低くて、暗い。板張りの壁には、いつ何を演じたといった役者たちの落書きが残っている。あぁ、あの人も来ている、この芝居もやっていると、それを目にして負けじと熱が入る。それが百年以上続いているのだ。

初めての康楽館で、私は二階の「み」列という一番前の席に座った。どの席も畳に

ハイカラな小屋には、おしゃれな男女が似合う？

役者の汗が飛んできそうな濃密な空間

座布団が置いてあり、その座布団に番号を書いた紙が貼ってある。歌舞伎座の列の名は、とうに、いろはにほへとから一〜二十二列と、数字で表すようになったが、ここ康楽館は、花道脇から、あいうえお・・・とひらがなで通している。こうした気づかない伝統が残っているのも、歌舞伎座がそれを失ったことを思うと、嬉しいのである。舞台は、思っていたものより小さかった。このくらい、と両手をまっすぐに差し出して、その幅といえばいいだろうか。そこに、鶴瓶さんが一人座った。長い話である。しかし、汗が飛ぶのも、唾《つば》が散るのも見えるのだ。大劇場では薄れる、観客が醸し出すのめり込みが、ここにはあった。鶴瓶の「らくだ」は、この人らしいオチでチョンとなった。私はこの日から「かんかんのう」が歌えるようになった。

その康楽館に、松竹の巡業が二日、三日と続けて芝居を出すと聞いたのは、その帰りだった。他の市町村では、昼・夜（午後）の二部で一日限りだそうだ。「百年続くこの舞台は、歌舞伎役者も熱が入るのでしょう」と話す小屋の人は、この山奥の芝居小屋が愛おしくてたまらない風だった。

こうして、私の康楽館通いが始まった。もちろん、同じ失敗はしない。盛岡駅から高速バスでの往復が常となった。

定式幕が引かれた。落語と違って歌舞伎は、少なくとも主人公と家来、その敵役、あるいは何とか姫と、三人から五人は舞台に上がる。この康楽館の舞台は、それでいっぱいなのだ。敵なのだが、距離感から、どことなく仲間といったおかしな雰囲気がある。そこがおもしろい。

客席に目をやれば、花道脇のお客さんは男性が多い。そこが、奥様方の多い、社交的な匂いのある歌舞伎座と雰囲気が違うところだ。小屋の人に聞けば、ふだんの常打芝居で目が肥えているという。だから、歌舞伎を観る目は、瞬きするのも惜しいほどに真剣なのだ。こうした地元のお客さんが、この小屋があるから芝居が好きになり、上手下手に厳しくなる。その客の視線を受けて、歌舞伎役者も気が抜けない。よい芝居は、よい観客が創る、育てる。その循環を作ってきたのが、この小屋なのだ。

最初は一人で。その次からは芝居好きな友人を誘って私は康楽館へと足を運んだ。中村吉右衛門さんも観た。片岡愛之助さんも観た。宿には、その役者たちも泊まることがあったから、その声をレストランの個室近くで聴くと、「あっ今、通ったのは○○じゃない？」と芝居の後も友人と私は、役者たちのその艶《つや》のある声を楽しんだ。

初めて私が小坂町へ行った日は、まだ小坂線が貨物線として、JR大館駅と小坂駅の間の営業を続けていた。鉱山で精製される硫酸を運ぶ貨車が留め置き線に停まっていたことを覚えている。その鉄道も、二年後には廃止となった。それが今では、小坂レールパークとなって、ちょっとした名所になっている。平成二十六（二〇一四）年には、乾電池「エボルタ」で走る電車のコマーシャルが流れ、記憶している人も多いと思う。

前年に康楽館歌舞伎を楽しんだ顧客には、翌年、先行発売の案内が届く。これを手にすると、「また、行きたい」と思うから不思議な小屋だ。開演に先立ち小坂町町長がご挨拶をするのだが、その町長ともお馴染みと思えるほどに私は通った。

尾去沢鉱山は、一泊した小坂町からの帰り、JR鹿角花輪駅までバスで出て、そこからタクシーで行った。日本最大級の銅鉱脈群採掘跡というだけあって、細長い銅鉱脈を、三十何メートルとそこだけ掘り進めた様は、その深さほどの人間の欲というものを形として思い知った感があった。

ただの往復ではもったいないと、弘前に出たこともあった。もちろん、弘前城や石場家住宅など、有名どころはあったが、私は前川國男建築という、この町のもう一つの財産を楽しんだ。

ついに行くところがなくなって、秋田大学鉱業博物館（秋田市）という施設を探し出したこともある。予め依頼しておいたガイドの方に、その展示を説明いただくだけでなく、私の鉱物への情熱も語って、二時間、三時間と時の経つのを忘れた。その日は角館に泊まり、翌日、武家屋敷を回ってから秋田新幹線で盛岡へ。やっとそこから康楽館へ、という旅も懐かしい。

令和二（二〇二〇）年は、三月から歌舞伎はすべての公演が中止となり、康楽館での松竹大歌舞伎も中止との報《しら》せがきた。しかし、そんなこともあったねと、これからも五十年、百年と続く芝居小屋は、動ぜずに役者と客を待っているのだと思う。

**＊康楽館**（☎0186―29―3732）

所在地　秋田県鹿角郡小坂町小坂鉱山字松ノ下2

**行き方**　ＪＲ盛岡駅西口から青森駅前行きバス「あすなろ」号で「小坂高校前」まで約90分、タクシー約３分（タクシー《豊口タクシー　電話０１８６—２９—２５２５》を事前に予約して、迎えに来てもらう）。

**見学方法**　施設見学（ガイドつき）は６６０円（高校生以上）、常打芝居公演とのセット券、鉱山事務所と小坂レールパークとの共通券など組合せ入場券有り。

# 4 名園でくつろぐ

Chapter 4

三溪園　臨春閣、聴秋閣
臥龍山荘
楽寿園

# 臨春閣、聴秋閣（神奈川県横浜市）

## 三溪さんに会いに行く旅――横浜市三溪園

### 実業家・原三溪の傑作

私には、年が改まると、「見ておくかな」と開くホームページがある。横浜市にある三溪園である。この一年の三溪園の催しが、年間スケジュールとして発表されている。花の季節は順繰りであるから、観梅会、花しょうぶ展、早朝観蓮会、朝顔展、菊花展と、これらはほぼ固定化している。

私の大好きな聴秋閣《ちょうしゅうかく》は、春と秋に、その奥の遊歩道も開放されるので、この日程をチェックするのが目的だ。現在、臨春閣が大規模工事に入っているので、その情報も時々、見ておきたい。工期は遅延することはあっても、早まることはないから、全体が次に見られるのは、何年先かを知っておく。そして、その年を指折り数えて待つのだ。今（二〇二〇年十一月）は第三屋の工事期間中なので、その遅延がなければ令和三（二〇二一）年秋、補修工事の終わった美しい姿を拝めることになる。どのような公開になるのか、待ち遠しい（なお、臨春閣や白雲邸《原三溪自邸》は突如、公開されることがあるので、ホームページのマメなチェックが、見学成功のカギである）。

三溪園という、五万三千坪もの広大な庭園の自然と、そこへ移築してきた古建築を見る名園は、原富太郎《はらとみたろう》（号が三溪）という実業家の傑作である。日本では、これだけの規模の庭園を、自身の力で創り上げた例は他にないと思う（土地は、義祖父原善三郎が購入したもの）。ゆえに、三溪園という、個人の名前を付けた庭園が公開されているのだ。

前述したように、ここは四季折々に、手入れされた園内の木々や花々と、日本画の作品と、いつ出かけていっても、たいがい目を楽しませてくれる何かがある。

しかし、建築を愛する私は、この庭を創った三溪さんが、そこで待っていてくれるような、出かける前は、いつもそんな気持ちになるのだ。

この庭園は「明媚なる自然の風景は造物主の領域に属する。みだりに私有すべきではない。公開するのはむしろ当然の義務である」（『三溪園写真集』）という三溪の強い思いから、明治三十九（一九〇六）年に外苑の無料公開を開始している。それが当主の強い意志なのだ。だから、来る人を歓迎してくれる、待っていてくれていると思う、第一の理由だ。

有楽苑の項で、その移築と造園の設計・監修を堀口捨巳が指揮したと書いたが、一般的に庭園は、造園家が造るもので、明治から大正にかけては、七代目小川治兵衛（屋号は植治《うえじ》）が著名である。三溪園は、そこに集めてくる建築や名石から、その配置、道の付け方、植栽のあらゆるすべてを三溪が考え、指揮した庭園である。つまり、建築を含めた庭園全体が、原三溪というクリエイターの作品なのだ。建物ごとの配置の絶妙なことは、この三溪園について記す多くの論者が認めるところであるし、後述する臨春閣では、移築前と移築後では建物の位置関係は変わり、屋根を葺く材も大胆に変えている。三溪園を見ることは、その全体から仔細なところまで、三溪さんが創り出した作品群を拝見することに他ならない。

それは、原三溪という人の審美眼、大胆な構成力と繊細な美意識、建築や美術への造詣の深さ、土木や造園、庭木など知識と実地体験が、総動員されたものだろう。どこを見ても、何を見ても、そこには原三溪の血が通っている。ゆえに、三溪園そのものが原三溪であるといえるのかもしれない。懐の大きい・深い、その庭園＝その人が待つところ、これが第二の理由だ。

かくして私は、その日の横浜駅前から市営バス8系統、148系統の時刻表を調べて、あの庭園にふさわしい服装を選んで、嬉々として三溪園へと向かうのである。

## 最初はどこに誰が建てたのか、謎のままの建築——臨春閣

### 広い三溪園では真っ先に見る

三溪園は、その広さゆえに残念なことがある。国指定重要文化財建造物は十棟あるが、それ以外も合わせると十七棟と建築の数も多く、またその種類も多岐にわたるため、ともするといろいろあり過ぎて、これという印象が残らない。また、庭園内が広いのと、園へ往復する時間がかかる（特に往復のバスは渋滞に巻き込まれると厄介だ）こともあって、ともかく疲れた、という感想しか残らない場合もある。

ゆえに、三溪園で見るとしたらまずこの建築を、と私は臨春閣をお勧めする。外苑を歩いてしまうと、それだけで疲れるので、正門から入場したら、真っ先にこの建築

を見に行ってほしい。正門から約三百メートルで到着する。

私は、これまでおそらく十数回と訪ねている三溪園だが、一度だけ、この臨春閣内部の特別公開という情報を得て、夏の暑い日に出かけた記憶がある。その年は、お盆休みの八月十三日から十七日までの公開だったと記憶する。旧盆という都会から人が減って入場者が少なくなる時期に、暑さものともせずに来る人のみ。熱意と（研究など）必要のある人だけに公開するという、今で言えば、密を避ける作戦だったのだろうか。確かに人もまばらで、三つの屋をゆっくりと歩いた。

それを思い出しながら、直近では平成二十九（二〇一七）年の二月、久しぶりに私は三溪園を訪れた。

正門左手の自動券売機で入園券を買う。正門から右手へ、大池に沿って、三溪記念館へと歩を進める。大池越しに見る三重塔の風景は、いつ見てもこの園のシンボルであり、ふだん、切り取られた空しか見ていない私に、空の広さを取り戻させてくれる。右手に睡蓮池を見て、管理事務所の前まで来たら、右手の御門まで歩く。そこから奥へと覗く先に、臨春閣の玄関が見える。唐破風の重厚な造りだ。

御門まで戻って、三溪記念館の裏を奥へと進んでいく。開けた広場のような場所があり、そこから臨春閣が一望できる。この配置が三溪の工夫だと感心するのだが、一番左手の二階屋つまり第三屋と手前の第二屋は一枚の写真に収まっても、第一屋は入りきらない。左手に歩いて、レンズが第二屋と第一屋を捉えると、第三屋は視界の外だ。これには、誰もが困るようで、新潮社から出版されている写真選集でも、右ページに第一屋と第二屋、左ページに第三屋という構成で、この連なる建築を載せている。

この風景が、西の桂離宮、東の臨春閣と、ブログなどでも並び発信されているらしい。特別な予約などが要らないこともあって、この三溪園に外国人観光客が多いのは、そうした理由によるのかもしれない。

屋根は檜皮葺《ひわだぶき》、庇は柿葺《こけらぶき》と、あえて同一にしないでその対比を見せるところも、三溪の計算に違いない。どちらが何と見分ける知識がなくても、何となく違うな、その違いがこの屋根に見る楽しさを与えているな、と思えれば、三溪の狙い通りなのだ。移築前の写真が残っていて、元は瓦葺《かわらぶき》という、何だか普通の家のような外観であったから、この葺き替えは、あるいは桂離宮（柿葺）などを意識したものかと思う。

外観からの拝見でも、縁側の前までは行けるので、池側から第三屋の天楽《てんがく》の間の床の間と棚、地袋を見る。さらに南から次の間を見ると、その欄間には、欄干に笙《しょう》など楽器を組み合わせた意匠が施されていて、この部屋の名称を奏でている。次の間の二階への階段室口にある火頭口も、ここにこのデザインを嵌めるか—と、決めた人に会いたくなる。

第一屋の脇を通って、第二屋の正面に立つ。浪華《なにわ》の間から住之江《すみのえ》の間を眺めることができる。住之江の間は上段の間の造り（框で一段上になっている）になっていて、この臨春閣で主室といえる部屋である。欄間には色紙が左右それぞれに三枚ずつ配されているが、住之江の間の西側の一枚にだけ歌が書かれているだけで、あとの面は表・裏共になにも書かれていないそうである（『日本名建築写真選集13　三溪園』）。浪華の間の襖絵は「芦雁図《ろがんず》」であるが、元にあったときは松・桜だったそうなので、これは三溪が他所のものを仕立て直したと考えられる。

移築の詳細や、元と現状との差異などは、平井聖先生が寄稿されている『日本名建築写真選集13　三溪園』に譲るが、三溪園の公式パンフレット『三溪園写真集』に書かれている、この建築についての次の説明は、平井先生によればいろいろと矛盾があり、断定できないようだ。一番の理由は、紀州徳川家側の別邸巌出御殿の建築的史料がまったく発見されていないことを挙げている。それが、どこからか出てくれば、こ

裏山に抱かれるように建つ第三屋

天楽の間は、貴人の愉しみに溢れている

の建物はやっと、氏素性《うじすじよう》がはっきりとするのだ。

《この建物は、慶安二（一六四九）年紀州徳川家初代頼宣《よりのぶ》が和歌山市の東北三里、紀ノ川沿いに建てた別邸巌出御殿であった。宝暦十四（一七六四）年に取り壊されるまで、藩公は江戸出府に際して常にここに宿泊された。取り壊した後、泉佐野の長者飯野左太夫に与えた。飯野氏はこれを大阪春日新田に別荘として建てた。その後清海《きよみ》氏が所有し、八州軒《はっしゅうけん》と称されていたが、明治三十九（一九〇六）年原三溪が譲り受け、大正四（一九一五）年に起工、六年に移築が完了、改めて臨春閣と命名した》

もちろん、右記のように推察した人（藤岡通夫博士）にも論拠はある。だが、二転、三転の移築が行われれば、最後の三溪がこれだけ変えてしまったことからも推察されるように、元を探るのは容易ではない。けれども、謎が残っているからこそ、古建築はおもしろいと私は思うのである。

## 風景という額縁に映える建築――聴秋閣

もう一つ、三溪園の姫君と私が呼びたい建築がある。春と秋に公開される聴秋閣である。

### 不思議な形の〝姫君〟

この小さな、楼閣付きの茶室は、まことに不思議な形をしている。特に、楼閣の下、上の間と呼ぶ部屋は、床脇が四十五度に欠けていて、そこが付書院といえばそうとも見える。誰が見ても、「こんな建物初めて！」とか、「これちょっとおかしくない？」と、素《す》っ頓狂《とんきょう》な声を上げてしまうだろう。そして、入り口の石組みにも、気づいてほしい。これを、ううむと唸れるようになれば、病膏肓に入るも本物である。

三溪園の十七棟ある建築の目的はさまざまだが、この聴秋閣は、まったくもって遊びの箱なのである。その入り口は、正方形の木の板を三畳ほど敷き詰めてあり、妄想を始めたら限《きり》がない。この板敷きによって、この上の間は、極端に畳面が減ってしまうのであるが、いったい、これは何をする場所だったのだろう。楼閣といえば、京都・西本願寺の国宝・飛雲閣がその極みであるが、池から上がる舟入の間を、どこか

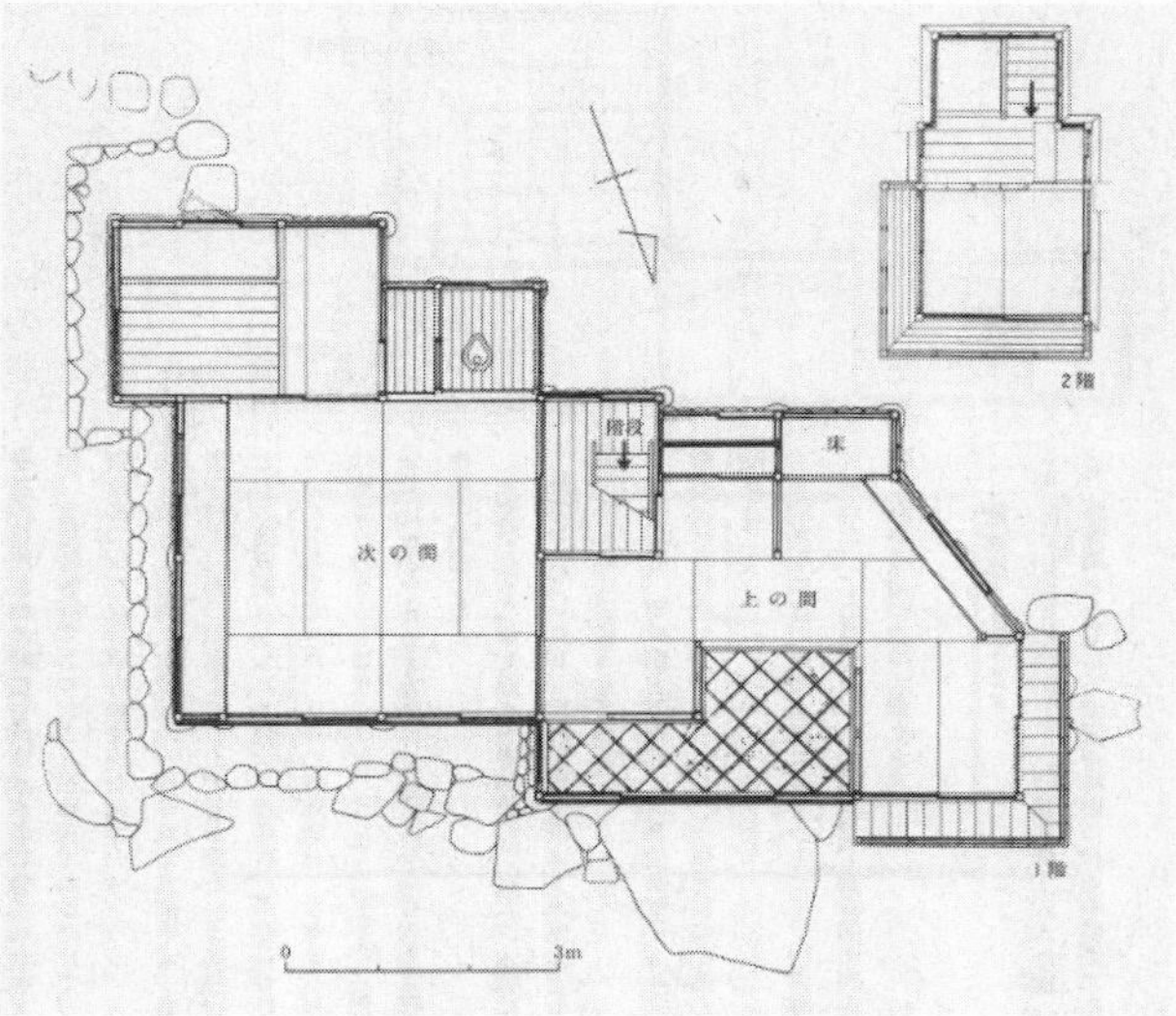


聴秋閣平面図（資料提供：公益財団法人 三溪園保勝会）

模しているのだろうか。非対称の造りといい、姉と妹のように見ることもできる。三溪の茶会は、こと細かく記録が残されているから、帰ったらそれを探して、この建物を偲《しの》ぶことにしようか。こうした建物と出会ってしまうと、帰宅したら旅は終わり、ではない。その疑問は解決の糸口も見いだせなくなり、また、発見の裏付けを取ろうとすると深みにはまってしまう。罪である。

二階からは、その中央に三重塔を見渡せる絶景が拡がる（らしい）。建築公開時でも、中に立ち入ることはできないのだ。けれども公開時には、聴秋閣奥の遊歩道が開放されるので、聴秋閣越しに見る三重塔は誰もが眺めることができる。左下には、亭《てい》榭《しゃ》と呼ぶ屋根付きの橋がかかり、遠くに三重塔を観る。この眺望を手に入れるために、どれほど三溪は、建物の位置と方向を図上で書いては消し、直して、それに時間を費やしたことか。悩ましい、けれど、本当の大人の遊びである。この聴秋閣は、春は青モミジが、秋はモミジの彩が、ちょうど額縁のように、この聴秋閣という一幅の絵を囲む。それを計算したのも、三溪さんである。

この聴秋閣といい、冒頭で紹介した聴竹居といい、思えば、建築は「聴く」ものなのかもしれない。日本の建築は障子越しに、雨戸越しに、壁越しに、床の下からも、

何も何も、小さきものは、みなうつくし

遊歩道からの眺めは春・秋だけ

棟梁泣かせ？の精緻な空間

あらゆる音が聴こえる。鶯《うぐいす》の初鳴き、さえずりながら飛び去る雲雀《ひばり》。猫か狸《たぬき》か、縁の下から聴こえてくる呻《うめ》き声と怪しい物音。池に跳ねる鯉《こい》。しとしとと降り続く雨。叩きつける雨音に起こされた真夜中。ごぉーごぉーと家の中に居ることが何より安心な嵐の日。屋根から落ちる雪。廊下を人が歩けば、足音と床がきしむ音もする。障子の開け閉めは、その音で誰なのかわかるほどだ。柱時計が告げる時刻。絶え間ない音に包まれている私が居る。その光景は建物と共にある。そんなとき、私はここに居るが、ここに居ない。三溪さんという主が、その家族が聴いた音、茶会に招かれた人々の小声で交わされる会話、咳払《せきばら》い、衣擦《きぬず》れ、お湯の沸く音、柄杓《ひしゃく》を置く音。あらゆる動きが、そこから生じる音が、壁から障子から天井から、私の心に聴こえてくるのだ。

**最初は二条城内に造営**

聴秋閣は、家光上洛の際に二条城内に造営され、これを乳母春日局《かすがのつぼね》に賜ったものとされる。局が夫であった稲葉家の江戸藩邸に移した後、長くこれは稲葉邸内にあり、明治十四（一八八一）年には、牛込若松町の二条公邸に移築、大正十一（一九二二）

年、これを三溪が引き取った。
最初に二条城内に造営されたことは、平井聖先生は、余りに京都は遠いため、江戸城内ではないかと疑義を呈しているが、ともかくも、春日局つながりであることは、間違いないようだ。

春日局は、その母の実家稲葉家と、義理の娘の姻族堀田家を強く結ぶ役割を果たしている。その経緯は、次のようになる。

春日局は名を福といい、父は美濃の斎藤氏の一族で明智光秀の重臣であった斎藤利三、母は稲葉通明の娘であったと伝えられる。父は光秀に従い、本能寺の変で織田信長を討《う》つが、秀吉に山崎の戦いで敗戦し、帰城後に捕らえられ処刑されてしまう。そのため、福は母の実家である稲葉家に引き取られ、その後稲葉正成の後妻となった。

福は、将軍家の乳母に上がるにあたり、夫の正成と離婚する。福の息子稲葉正勝は、家光の乳兄弟となり小姓として召し抱えられてから、異例の出世をして寛永九（一六三二）年には小田原藩主になる（よって稲葉家と春日局の墓は小田原市紹太寺にある）。しかし、寛永十一（一六三四）年、子正勝が三十七歳という若さで死去したため、その孫正則を養育する。

春日局の死後、家光の上意で、稲葉正則の娘と佐倉藩の初代堀田正俊が結婚するという運びとなり、稲葉家と堀田家のつながりは一層深くなるのであった。ちなみに、聴秋閣が建てられていた稲葉家下屋敷は、現在の国連大学と旧こどもの城辺りで、堀田正倫が幕末まで住んだ堀田家下屋敷は、日赤医療センター辺りと、ご近所である。

その春日局は、御化粧の間という建物が、家光誕生の間と共に、川越・喜多院《きたいん》に移されている。聴秋閣を見たら、次は川越へ行ってみようか、と思うと、よりこの聴秋閣を、じっくり見ておきたいと私はさらに目を凝らすのであった。

どうだろう。臨春閣と聴秋閣、この二つの建築だけでも半日は楽しめるのではないだろうか。臨春閣の建具は、現在すべて模写によるもので、その障壁画は、展示スケジュールが示されて、先の三溪記念館で拝見することができる。この予定も知っておくと、何度足を運んでも、無駄がない。

ちなみに、青木富太郎が原家へ婿入りした経緯には、堀田家の項で触れた跡見花蹊が大いに関係している。岐阜県厚見郡佐波《さば》村の旧家の農家の長男として生まれた富太郎は、東京に出て早稲田の東京専門学校（後の早稲田大学）に入学、政治と法律を学びながら、跡見花蹊が開いた跡見女学校の助教師となって漢学と歴史を教えていた。その教え子に、原善三郎の跡取り孫娘、屋寿《やす》がいた。

やがて二人は相思相愛の仲になったが、富太郎は青木家のいずれ戸主になるべき長男でもあった。初め難色を示していた善三郎であったが、花蹊らに説得されて富太郎に会ったところ、屋寿よりも気に入ってしまい、反対していた青木家をも説得して、原家の跡取りに迎えたのだ。

建築を結ぶ家系図と共に、師弟関係相関図というのも描けそうになってくる。

＊三溪園（☎045―621―0634／0635）

所在地　神奈川県横浜市中区本牧三之谷58―1

行き方　JR横浜駅東口、JR根岸駅、JR桜木町駅、みなとみらい線元町・中華街駅からバス。

見学方法　年末のみ休園日あり。9～17時、700円（高校生以上）。定時ガイド（日本語は11時〜、14時〜、内苑を約一時間で巡る、定員30名。英語は14時〜園内を約一時間で巡る、定員20名）と、フリーガイド（10〜12時、13〜15時半の間、随時受付）は当日、申し込める。

※臨春閣の特別公開は、平成三十（二〇一八）年を最後に今は行われていない。聴秋閣の建築公開は、春は五月の連休シーズンと、秋は十一月後半から十二月初旬頃まで開催される。詳しくは毎年一月に発表される年間イベントスケジュールを参照する。


【参考文献】

・『三溪園写真集』（2002年8月改訂、財団法人三溪園保勝会）

・『日本名建築写真選集13　三溪園』（1993年、平井聖、大岡信ほか、新潮社）

・『重要文化財旧東慶寺仏殿・月華殿・旧燈明寺三重塔・聴秋閣修理工事報告書』（1956年、三溪園重要文化財建造物修理実施委員会編、三溪園重要文化財建造物修理実施委員会）

・『三溪園の建築と原三溪』（2012年、西和夫、有隣堂）

# 臥龍山荘（愛媛県大洲市）

## 崖がある、だから建てたくなる——臥龍《がりゅう》山荘

### 木蠟輸出で財を成し

建築や旅について話す相手のいない、淋しい私のようであるが、古民家のボランティアなどを通じて、少しの建築系友達はいる。一時期、その友人たちの間で、懸造《がけづくり》の建築を見て歩く、という旅が流行った。関東では、千葉県長南町に笠森観音（笠森寺）という四方懸造の観音堂がある（国指定重要文化財）。そこを制すると、国宝へと意識は向かうらしく、鳥取県三朝《みささ》町にある三徳山三佛寺《さんぶつじ》投入堂《なげいれどう》への登山をした者もいる。もちろん、懸造と聞いて、京都・清水寺を思い出す貴方《あなた》は、もう立派な建築旅人だ。

そう、困難なことにこそ、行う意義がある。功徳がある、のである。

右に挙げた建築は、懸造のよく知られた例だが、近年の作でも秀作はある。それが、

愛媛県大洲《おおず》市にある臥龍山荘である。

大洲市には、平成十六（二〇〇四）年に、大洲城が復元されたので、この出来立ての城を見に行った方もいるかもしれない。愛媛県民の城好きには感服する。松山城、湯築《ゆづき》城、今治城、宇和島城、大洲城と、一つの県で日本百名城の内、五つを持つのは、愛媛県と長野県だけである。当然、面積比で考えると、愛媛県の城密度はとても高い。城が多い上に、さらにごく最近、築城復元までしてしまったのであるから、県民の建築愛も熱いものがある。松山には道後温泉本館、萬翠荘《ばんすいそう》があり、西予市には開明学校、内子町には内子座、上芳我邸《かみはがてい》、本芳我家住宅、大村家住宅がある（内子座以外は、国指定重要文化財）。

大洲市の旅は、まず大洲城から始めた。私が訪れたのは、平成二十六（二〇一四）年二月であったが、まだ檜《ひのき》の香りは十分に城を満たしていた。各階には、その木材を提供された方や有志の会などの芳名と共に切り出した地区の名が記されていて、子々孫々までそれを伝えることの誇りを私は感じた。城から臥龍山荘までは一キロメートルほどであるから、町歩きを楽しみたい。例えば、菓子店の店先には、代々使用してきた菓子木型が陳列されていたりと、この町が木と共に在ることが伝わってきた。

臥龍山荘は、肱川《ひじかわ》が伊予灘に注ぐ約十キロメートル上流にあって、肱川が西向きに流れて来たのを、東向きに文字通りUターンする畔に建っている。その場所は臥龍淵と呼ばれ、穏やかな日は、川面に新緑や紅葉が鏡のように映る古くからの景勝地であった。その肱川がU字形に削り取ってきた崖の上には、文禄年間（十六世紀末）、城主藤堂高虎《とうどうたかとら》の重臣渡辺勘兵衛《わたなべかんべえ》が広大な屋敷を構えていたという。城主も遊興したという屋敷であったが、いつの頃からか使われなくなり、その土地も荒れ果てた。

時代は明治となって、大洲市の貿易商、河内寅次郎《こうちとらじろう》は、神戸港からの木蠟《もくろう》輸出によって莫大な利益を得た。明治三十六（一九〇三）七月に着工した工事は、三年八カ月に及び、延べ九千人を使ったとされる。まず川に突出した不老庵《ふろうあん》を建て、庭を築き、そして手前の臥龍院を建てたのである。

臥龍山荘は、城下町の整備された道の東の突端にあって、そのさらに東側には、蓬《ほう》萊山《らいさん》という景勝地がある。この蓬萊山を、大洲藩三代藩主加藤泰恒《やすつね》公が、龍の臥す姿に似ていると言ったことから、臥龍淵というようになったらしい。

削り取られた崖の上であるから、水がここまで上がることはないが、門をくぐると、野面《のづら》積みの石積が、乱れ積み、末広積み、流れ積みなど、さまざまな表情をまず見せてくれる。これは相当に、おもしろい（また面倒でもある）探検の始まりだ。貿易商という商売柄、石を下り船で運ぶことはたやすいことだったのだろう。積み石も、踏み石も、いちいち、「これは・・・」と考えていたら、建物の中には入れず終いかもしれない。

## 名工が技を競い合い

まず臥龍院を拝見する。

なんと言ったらいいだろう。建具のデパート？ 透かし彫りの展覧会？ 引手の名付け遊び？ 漆工、金工、木彫は京都千家《せんけ》十職《じつしよく》の錚々《そうそう》たる人たちを選んでいる。技の競い合いをさせたかのようだ。

これはこれで楽しいのだが、やはり私は、最後に見た不老庵がとんでもなく自由で、好きになった。この不老庵だけが懸造である。無論、眺望は大洲一であるし、伊予一といってもいいと思う。ここに昔、屋敷があって、肱川を見下ろす眺めは天下一品で

臥龍院の縁側を望む

雨風の強い日は近寄れない？

障子の開閉で世界が一変する

あったことは、江戸時代から城下には噂話で伝わっていただろう。ならば、と河内寅次郎が、その夢を形にしたのだが、この不老庵の形を見ると、それを遥かに超えた造作なのである。

川に向かって三方は襖障子しかなく、それを見渡す主の席の後ろには、踏込床の床の間が広間の幅いっぱいに付く。天井は、竹を網代張りにした一枚天井をかまぼこ状に貼ってある。建物そのものを舟に見立てているらしい。月が出れば、その光が川面に当たって反射して、障子を明るくする。不老庵は陸に建つのだが、まるで、舟遊びをしているかのような境地に誘う、そんな仕掛けを寅次郎は、考えに考えた末に形にしたのだ。

それにしても、桟の細さといい、壁の造りといい、どうして、ここまでやるのか。今では、こういう注文もなくなったから、こういう贅を尽くした建物の修復があるから、職人の技は伝承されていくのだろう。

とんでもないものを見てしまった。その空間に私は身体を任せてしまった。帰り道の私の足取りは、きっとフラフラしていたに違いない。目の奥の記憶装置が満杯になり、身は町を歩いていても、心が未だ不老庵という舟に揺られているかのようだった。この次、愛媛県を訪れるときは、二日や三日ではなく、今治に二泊、松山に二泊、大洲に二泊くらいの一週間旅になるだろう。それでも足りないかもしれない。ここ臥龍山荘には、朝と夕と、日差しと空気の違いを確かめに来たい。

こうして、旅の欲は、深まることはあっても、薄らぐことはないのである。

＊**臥龍山荘**（☎0893―24―3759）

所在地　愛媛県大洲市大洲411―2

行き方　JR予讃線伊予大洲駅よりタクシーで約5分。松山空港からJR伊予大洲駅までは、空港連絡バスが出ている。

見学方法　年中無休、9～17時、550円（大人）

【参考文献】

・『水郷の数寄屋　臥龍山荘』（2012年、矢ヶ崎善太郎監修、愛媛県大洲市）

# 楽寿園（静岡県三島市）

## 駅前にあっても、誰も知らない旧宮家の別邸——楽寿館《らくじゆかん》

### 間口二十メートル、広さ二万二千坪

知られているのに行きにくい公園の筆頭候補が三溪園なら、市民以外まず知らないけれど、新幹線も停まる駅の真ん前という公園が、楽寿園《らくじゆえん》である。

ＪＲ三島駅南口を出て、ロータリーの向こうに見える信号を渡った先、という以外、説明のしようがない。改札口から距離にして百メートルあるかないか。駅前には雑居ビルが立ち並んでいるから、わずか二十メートル足らずの間口しかない入り口の奥に、二万二千坪の庭園が拡がっていることを想像することが難しいのかもしれない。

この楽寿園は、二つの意味で興味深い庭園である。

一つは、今から一万年前に噴火した時の富士山溶岩流の末端にあたる場所で、富士山に降った雨や雪が地下水となり、何カ所も園内に湧き出ている。この湧水と周囲の

自然林からなる庭園に対して、昭和二十九（一九五四）年、国の天然記念物及び名勝に指定。また、平成二十四（二〇一二）年には、伊豆半島ジオパークのジオサイトとして指定された。

江戸時代まで、ここには豊かな水を祀《まつ》るように寺社やお堂が立ち並び、農民や町民の生活を支える遊水地であった。この豊富な水に着目して、小松宮彰仁《あきひと》親王がこの地を献上させ、造ったのが池泉回遊式庭園と三島別邸、現在の楽寿館である。完成は明治二十四（一八九一）年。その後、明治四十四（一九一一）年に朝鮮李家の別邸となり、昭和二（一九二七）年には民間に売却された。昭和二十七（一九五二）年に三島市が敷地を購入し、同年七月から一般公開されている。この楽寿館の障壁画が、もう一つのお勧めである。

その庭園の中心には、小浜池《こはまいけ》と呼ぶ湧水を湛《たた》えた池があり、昭和五（一九三〇）年には、ミシマバイカモがここで発見されている。しかし、この池の水位は、昭和三十年代の上流地域での地下水汲み上げ量の増加と反比例して低下し、現在、おおむね夏期以外は、溶岩流がむき出しになって表出している光景を見ることになってしまう。

小浜池から楽寿館を望む

次の間から主室を見る楽寿の間（写真提供：三島市楽寿園）

満水になるのは、近年では三年に一度あるかないかで、満水になったことが広報されるほど、その機会は少ない。そのため、来園者に状況がわかるようにと、ホームページには、日々の水位が発表されているので、来園の際には、是非それを見て、心の準備をしてから訪れたい。そのページには、満水時から渇水時まで、六段階の楽寿館を望む風景写真も掲載されているので、大変参考になる。

このように、美しい庭園を期待して誰かを誘うと、「何、これー」と言われかねない。自分だけの秘密の園と思って、そこに佇む隠れた建築、楽寿館を楽しみたい。

楽寿館の見学ツアーは、十二時三十分を除く、九時三十分から十五時三十分までの毎時三十分スタートなので、集合時刻まで時間があれば、まず小浜池越しに見る外観を楽しみたい。水位が低いときには顕著であるが、主屋は、池にせり出すように高床式に造られていて、幸運にも満水であれば、水面になだらかな屋根が映り、逆さ御殿とも呼べる眼福を我がものにすることができる。

時間が来ると、中からガイドの方が玄関を開き、まずこの屋敷の概略を説明してくれる。玄関は、切妻破風に軒を付けた形で、極めて簡素である。築百三十年という家屋は、周囲の木々に埋もれるように在るため、早足で歩いていたら、見過ごしてしまうほどである。覆いかぶさる木はモミジ。残念ながら、館内は撮影禁止である。また、玄関を上がった付近で、リュックサックなどの荷物は置いて見学するように促されるので、実に身軽だ。

楽寿館は、北向きの玄関を入って、右側に柏葉《はくよう》の間を持つ書斎棟がつながっている。柏葉の間は、襖に銀箔が貼られているため、銀の間とも呼ばれている茶室で、この館は別邸のため、大蔵がなかったせいか、押し入れが多いのも特徴であろう。

見学は、反時計回りに進み、この館の四つの見どころである内の一つ、それぞれの棟を分ける杉戸絵の一つ目を拝見することになる。杉戸絵は、計七つあるが、どれも鳥の絵であることが、主・小松宮の意図であろうと推察できる。

少し長い廊下を抜けると主屋に入る。右手に不老の間と呼ぶ小ぶりの茶室がある。先ほどの柏葉の間が、銀という色の鈍さに緊張がほどけない雰囲気であるのに比べて、不老の間は、十六夜《いざよい》窓が付き、その明るさにくつろぎを感じる。

その脇を抜けると、眼下には小浜池の全貌が現れる。高床式の高さを持つ、この棟は、もちろん、水面からの湿気対策もあるが、小松の堤（遊歩道）を水平線と見立て、左右の小島によって、伊豆の浜に臨んでいるような、そんな気分をもたらしてくれる。

## 百六十面の格天井

さあ、あとの三つを堪能しよう。

楽寿の間と呼ばれる二間は、見学ツアーでは、最初に次の間、次に主室を見る順路となる。

見学者は室内には入れず、入側からそれぞれの部屋を見るため、どうしても左右斜めの視線で見ることになってしまうが、次の間では、まず「池中鯉魚図《ちちゅうりぎょのず》」という襖絵に注目したい。小浜池の印象を描くようにとの命を受け、描かれた作品だそうだ。続く主室では、「千羽千鳥図《せんばちどりのず》」と呼ぶ六面の襖に目が留まる。ガイドさんにはこの話をする人としない人とがいるのだが、どうやら主は、この別邸に客が来ることを好まなかったらしく、この部屋に通され、この千鳥に囲まれると、どこかせわしない気分になり、早くここを立ち去りたいと思わせる、そういう魂胆があるのだという。

この二つの襖絵が、二つ目の見どころである。

それよりも先に、目が点になるかもしれないのが、主室と次の間合わせて百六十面描かれている格天井の花卉図《かきず》である。鳥が好きではないという人には、杉戸絵よりも、襖絵よりも、こちらがウットリのお目当てかもしれない。これが三つ目。

主室では、見るのに苦労するのだが、床の間の左右小脇にある天袋と地袋の引き違い戸に付けられた襖絵も必見である。どれも王朝の、とある風景を描いたもので、こうした絵でまとめているのは、皇族というご身分からのものだろう。武家の屋敷ではみつけることのできない希少な例である。これが四つ目。

約30分の見学ツアーでは、これらすべてを記憶することは、初回は特に不可能なので、この楽寿館の見学は、時間を多めにとって一周し、『楽寿館の装飾絵画』という冊子を購入して、復習する。そして、次に見る狙いを自分なりにつけておいてから、もう一度見学ツアーに参加する、という半日コースが満足への王道かもしれない。

私は、熱海などで仲間内の一泊旅行があった後、皆と別れてここへ来るという、またしてものついでの旅がほとんどだ。だからなのか、この十年くらいで三回は訪ねたが、帰る度に「ここを見てこなかった」と悔やむばかりである。

皇室ゆかりの建築は、この三島から一時間圏内に二つ残っている。一つが御殿場市にある秩父宮記念公園。もう一つは、沼津御用邸記念公園である。

楽寿園のためだけに三島市まで行くのはちょっと、と思う方は、このどちらかと組み合わせてはいかがだろう。建てられた目的や時代を、目にして学び、感じ取るのには、建築は格好の素材だと私は思う。

**＊楽寿園**（☎055―975―2570）

**所在地** 静岡県三島市一番町19―3

**行き方** JR東海道線・新幹線三島駅から徒歩3分

**見学方法** 月曜日と年末年始を除く9～17時（11月～3月は16時30分閉園）、300円。「楽寿館見学ツアー」は、9時30分、10時30分、11時30分、13時30分、14時30分、

15時30分の一日6回。希望者は、その時刻前に楽寿館玄関に集合する。

【参考文献】

・『楽寿館の装飾絵画』（2012年改訂、三島市楽寿園）

# エピローグ　知るを楽しむ　竹中大工道具館

## 何も知らない、ということを知るために行く

令和元（二〇一九）年五月の聴竹居への旅は、その後、西へと電車を乗り継いで、池田市・小林一三記念館へ行った。三宮で一泊して、次の日は神戸市・倚松庵《いしょうあん》（谷崎潤一郎旧宅）で芦屋に住む友人と落ち合って、『細雪』と谷崎について彼の思うところを存分に話してもらった。建築は何かと語れるが、文学や小説家についてはとんと無知な私には、身に余る講義だった。その彼とお昼ご飯を食べた後、私が新神戸駅から帰る前に、竹中大工道具館へ行こうと誘ったところ、彼は行ったことがないと言う。

それではここからは私が、と新神戸駅近くに移転する前、元町にこの博物館があった頃から三度四度と通った話を交えながら、新装なった博物館を案内した。

その日はちょうど、企画展『水車大工』の最終日前日で、一滴庵《いってきあん》と名付けられた茶室も公開していた（主に土日に公開）。博物館の外に建てられている、茶室棟の三畳

の小間は、名席として知られる大徳寺玉林院の「蓑庵《さあん》」の写しであり、七畳広間は表千家家元にある啐啄斎《そつたくさい》好みの写しだそうだ。

ここの博物館の凄いところは、本物を造ってしまう、本物を展示するということに、実に熱心なのである。企画展の会場は一階の受付ロビー反対側の広いスペースで、その日も会場には、見上げるほど大きな水車がどんと展示されていた。

外の茶室や、企画展を見たあと、私は彼を地下の常設展に誘った。

さっき見た展示がこの博物館のメインだと思っていた彼は、地下にここならではの展示解説があるのを驚きつつ、時々、足を止めては見て回っていった。

最初は「歴史の旅へ」というタイトルで、見たことがある古建築を模型で示しながら、時代と共に道具がどのように変わっていったかを解説している。

次に「棟梁に学ぶ」という展示室があって、寺院建築特有の枓栱《ときよう》（柱や軸部の上に設置され、軒桁を支える部位）の模型など、それがどのような造りになっているのか、仕口の模型などと共に解説している。

「道具と手仕事」では、圧巻の「大工道具の標準編成」という百七十九点の大工道具が、壁一面に展示されている。そして、鋸《のこぎり》、錐《きり》、鑿《のみ》、鉋《かんな》、金槌《かなづち》と玄能《げんのう》と、それぞれの仕事に合った道具を作り、使うという場面が現物と共に展示されている。十数年前に遡《さかのぼ》る。初めてこの「標準編成」を見たとき、私は、何も知らないということを、頭を殴られるように知らされた。建築を幾つ見ても、それがどうやって作られるのか。材料のあるところを、このような形にするために、そのためだけの道具があるということ。

それから、関西へ行く機会を利用しては、この大工道具館に足を運んだ。前の館では「木を生かす」という鉋くずの展示が、木の香りと共に最初にあって、それを嗅ぐと、ああここへ来た、また学ばせてもらう、と気持ちが引き締まるのを感じていた。「名工の輝き」という展示スペースでは、刀を展示するように、鑿や鉋の刃が、暗い照明の中に輝いている。そもそも、この大工道具館が開館した背景には、大工道具は一代限りのもので、使っている人が亡くなるとその道具類はすべて雲散霧消してしまう、という危惧、そして、電動工具が発達したお蔭で、先の「標準編成」も、今では半分もあればいいほどになってしまっているという現実があった。そういったことへの警鐘として、収集と調査が行われ開館。そして移転を二回、ということのようだ。

本物の展示と共に、それぞれの道具はどのように使われるのか、というビデオ解説も充実していて、その使い勝手のよさに、何度もスタートボタンを押してしまう私がいる。

「和の伝統美」というコーナーには、茶室の実物大模型や、組子細工、土壁のサンプルなど、ここで開かれ、その後、東京で巡回展示された幾つかの企画展の集大成のような展示がされている。

関西への旅の終わりに、新幹線の座席指定をあと二時間遅らせることができたら、是非、寄ってみて欲しい、日本の木＝木へんを支える、金へんの文化である。

**＊竹中大工道具館**（☎078―242―0216）

**所在地**　兵庫県神戸市中央区熊内町7―5―1

**行き方**　JR山陽新幹線・神戸市営地下鉄　新神戸駅から徒歩3分

**見学方法**　月曜日と年末年始を除く9時30分～16時30分、700円（一般）。20名以上の団体利用の場合など、職員またはボランティアによる展示解説を受けられる。事前に申し込みをする。

【参考文献】

・『水彩画で綴る大工道具物語　竹中大工道具館収蔵品』（2009年、竹中大工道具館、朝倉書店）

# あとがき

冒頭に、大山崎の聴竹居と待庵について書いたが、この本を締めくくるにあたって、「これは何かのお導きかもしれない」と、ある光景を思い出していた。

それはまだ東海道新幹線が開通する前のことである（おそらく私は三歳）。私は祖母の住む神戸へと夜行列車に乗っていた。朝になり京都を過ぎて、目にした建物を指して私は「あれは、何？」と父に訊いた。「あれかい、あれはサントリーの山崎蒸溜所。お父さんが晩酌に飲むウイスキーを作っているところだ」。

この日から私の「あれは、何？」は、建物へと向けられたように思う。神戸へ行くには、東京駅を通らなければならない。東京駅は、ふだん行く私鉄の駅とはまったく違う空間だった。赤レンガという言葉を知ったのは、東京駅を知ってからだった。そして、それは私の原風景のはじまり、はじまり、だった。

いつしか建築を見て歩くのが好きという趣味は、建築史や美術史を学びたいという意欲になり、私は武蔵野美術大学の通信教育課程を十年かけて卒業した。このサントリー山崎蒸溜所と父との会話の思い出は、その大学で「私の原風景」というレポートを作成したときに、プロローグに書いたエピソードである。

今から四年前、私は父を見送った。

大切な人が死んでも、建築はそこにそのまま在る。それゆえ、私は父との会話、あの列車の旅を思い出すのである。

同じ建築に二度三度、もっともっと会いに行く旅を、これからも私は続けるだろう。そこで出会った建築が、また別の旅へと誘うことも、何かのお導きなのだと思う。

幾たびかの国難はあったが、私は、これだけたくさんの建築や土木などの遺構が残っている日本に生まれて六十年を過ごしたことを、改めて感謝したい。

読者の方々には、私の独りよがりな文章をお読みいただいたことにお礼を申し上げます。

矢野和代

二〇二一年九月

本文に掲載した図は、次の著作権者より転載の許諾を得たものです。改めて御礼を申し上げます。

待庵平面図　妙喜庵
如庵平面図　名古屋鉄道株式会社
森鷗外・夏目漱石住宅古図　博物館 明治村
戸定邸平面図　松戸市戸定歴史館
旧長谷川家住宅魚町側敷地 屋敷地の変遷　NPO法人 松阪歴史文化舎
聴秋閣平面図　公益財団法人 三溪園保勝会

本文デザイン――アフターグロウ

知恵の森
KOBUNSHA

隠《かく》れた名建築《めいけんちく》ぶらぶら歩《ある》き
ひとり気《き》ままに見《み》て回《まわ》る

著　者――矢野和代（やの かずよ）

2021年　10月20日　初版1刷発行

発行者――鈴木広和
組　版――萩原印刷
印刷所――萩原印刷
製本所――ナショナル製本
発行所――株式会社光文社
東京都文京区音羽1-16-6 〒112-8011
電　話――編集部(03)5395-8282
書籍販売部(03)5395-8116
業務部(03)5395-8125
メール――chie@kobunsha.com


ISBN978-4-334-78800-1　Printed in Japan